情商密码

如何养育高情商的孩子

韩海英 ◎ 著

电子工业出版社
Publishing House of Electronics Industry
北京·BEIJING

自 序
养育优秀宝贝,是否可以"静待花开"?

  这是我写的第二本书,从确定"写什么"到真正成稿经历了三年多的时间。经过不知多少次的"开始—推翻—重新开始—再推翻"这样的轮回,这本书终于在近期成稿,交付出版社。但是还有很多话没有写进去,因为儿童情商的概念还是雏形,也并不完善,还有很多测试方法需要补充上,众多不足之处让我深感不安,希望以后有机会再逐一向家长讲解。写作之初,我非常急切地想把很多知识、经验都写进来,但是经过深入思考之后,这种急切的心情平复下来,我决定对所写的内容有所取舍。

  在养育孩子的过程中,一种观点是"快养育",让孩子快快成才;另一种观点是"慢养育",让孩子享受自由和快乐的童年时光。我在工作中遇到更多的家长持有"快养育"的观点，希望孩子在短时间内多多学习知识，早点成为优秀的人。虽然家长都对孩子的未来充满期待，但是"快养育"容易使家长忽略孩子的心理承受能力，在这个过程中，如果家长不能控制住自己的"急躁"，那么就会出现欲速则不达的情况。而"慢养育"似乎是"快养育"的另外一端，有的家长会将其理解为放任不管，但是放任孩子并不是养育和教育的本质。

育儿过程中应该坚持"快养育"还是"慢养育"？这是困扰很多家长的一个难题。这里存在一个"度"的问题，家长往往不知道该如何掌握这个"度"，不知道什么时候该给孩子放松，什么时候该给孩子施压。

在这些年的工作中，我一直致力于用专业的知识为家长解答这个"度"的问题，这里有很多难题需要解决，需要我带着团队一起去攻克。心理专业的知识纷繁复杂，怎样把它们用简单而朴实的语言讲述出来，并且结合中国文化背景下的育儿过程，这不是一件简单的事情。理论和应用的脱节往往会造成实践过程中的很多矛盾，必须用一个模型来化解这些矛盾，让心理专业知识能够真正"急家长所急"，为育儿难题的解决指明方向，方向正确才能高效解决问题。

在攻读博士期间进行的"情绪调节"研究和多年"认知行为治疗"的实践为我的儿童情商培养工作打下了很好的基础，让我能够总结出这本书里所提到的"儿童情商模型"，帮助家长理解孩子的心理成长的难点和重点。

我在写这本书的过程中，再次深深地体会到了越想"快速"又"完美"地完成一个任务，就越容易给自己前进道路放置很多个绊脚石，背着沉重的包袱怎能快速向前呢？

家长在育儿的过程中又何尝不是如此呢？很多家长持"不能输在起跑线上"的观点，让很多孩子早早地产生了厌学情绪。望子成龙、望女成凤是每个家长的心愿，我们可以寻找方法，让孩子持有真正快乐的心态成为"龙"、成为"凤"，成为各行各业的栋梁！

要实现这个愿望，家长就需要放慢脚步，一起来"静待花开"，这并不是要求家长什么都不管。看到这里，可能很多人心里会想"到底该怎么做"，那么就请读者朋友们耐心地从这本书里寻找属于自己的答案。

韩海英

推荐序 1
如何培养恰如其分的情感

教育家蒙田曾经说过：只有恰如其分的情感才能被人所接受、所珍惜。对于心心念念为孩子日夜操劳的父母来说，怎样才能知道孩子是否具备恰如其分的情感能力，以及怎样去培养孩子的情感能力呢？

20 世纪 80 年代，心理学家巴伦提出了情商这个概念，其主要是指那些影响人们适应环境及社交的情绪管理能力，包括自我和人际交往的情感能力、适应力、压力管理能力和一般情绪状态等。心理学家戈尔曼在 1995 年出版了著作《情商》（EQ），该书让 EQ 这个词风靡世界，并成为人们熟知的一个概念。戈尔曼在书中指出，EQ 对个人的社会性发展具有非常重要的影响，尤其是在取得工作成就的人群中，情商对于工作成就的影响是智商的两倍。那些情商水平高的人，通常有较好的社交能力，性格外向，愉快感较多，富有同情心，无论独处还是与他人相处，都能够怡然自得。由此可见，情商与个人发展息息相关，关注情商能力的形成和培养也就显得非常重要。

情商从婴幼儿时期就开始形成，随着儿童和青少年阶段的人际交往和互动而逐渐培养起来。一个人是否具有较高的情商，与童年时期的教育培养有着密切的关系。本书作者韩海英博士，根据儿童和青少年阶段的心理特点，结合自己多年的精神科医生和心理咨询师的从业经验，将儿童情商归纳为五个维度的能力，简称 EAPMC，即情绪管理的能力、注意与学习的能力、处理同伴关系的能力、自我管理的能力和适当的自信心，并且运用生动活泼的案例，向读者介绍了这五个维度的能力所涵盖的行为特点，以及家长可以做些什么来培养孩子的情商。

由于儿童心理发展迅速，不同阶段有各自的典型特征，本书从幼儿、小学、中学等不同阶段，详细介绍了儿童和青少年的各阶段情商发展特点，以及常见问题和对策。对于家长来说，在本书中可以很快地找到自己的孩子在成长中面临的困惑，并且能够轻松了解相关专业知识，以及解决问题的基本思路和方法。

除了几乎所有儿童和青少年都可能面临的发展问题，有些特殊儿童，如患有阿斯伯格综合征、抽动症和多动症的孩子，会面临更多的特有问题和挑战。本书也对这些儿童的情商特点进行了一一介绍，并且为家长提供了有针对性的干预策略。

本书列举了大量贴近孩子和家长生活的案例，内容深入浅出，兼顾科学性和可读性的特点，让家长可以形象生动地了解孩子成长过程中所面临的各种情商问题，并且通过浅显易懂的语言让家长了解自己应该怎么做。可以说，对于关注孩子身心发展的家长来说，本书是一本很好的枕边手册、桌边指南，可以随时用来指导自己的养育行为。不仅如此，本书还传达了一种针对孩子心理发展问题的专业态度，告诉家长在遇到孩子的心理行为问题时，尽量不要盲目借鉴传统经验，最好去寻求精神科医生和心理工作者的专业评估和帮助，以便真正有效地帮到孩子。

韩海英博士是我多年的朋友，我很高兴能有机会提前阅读本书，并且收获良多。对于关爱孩子的家长来说，可以通过阅读本书去培养孩子恰如其分的情感能力，以帮助我们的孩子在当前的生活和学习中，以及未来的社会生活中，学会与他人和谐相处，被他人接受和珍惜。

官锐园
北京大学医学人文学院医学心理学系

推荐序 2

很高兴海英博士邀请我为她的新书作序，窃以为还是不太够格的，但是作为好友，我愿意为大家介绍真实的海英。我是主持老年节目的，做北京电台的《老年之友》节目已 15 年，认识海英博士是在 6 年前，那时我策划了一档老年心理节目《说说心理的事》，海英作为儿童心理学博士，担任节目嘉宾，主要讲隔代教育，这一做就坚持了 6 年多。期间她创办了慧心源快乐情商学院，这是一个培训机构，难免存在经营的问题。但是我感觉海英依然像一个医生、一个老师，而不是一个商人。

她是一个对事业执着的人。她曾在安定医院工作过 10 年，也曾是和睦家医院的心理科专家，但是她放弃了稳定且收入不菲的工作，而选择了艰苦创业。我曾问她："为什么要创办慧心源快乐情商学院？"她说："在多年的精神科临床工作中，我有一个越来越强烈的感受，那就是很多精神心理疾病早期是可以预防的，如果早些做自我调整，很多人不至于被心理病痛所折磨。而这个预防工作从哪里开始做？我考察了很多年，最终决定还是要从小时候开始做，把童年期的心理功能建设强大了，将来就可以应对不同程度的压力，让孩子学会正确调整自己的状态是最重要的。"于是，她从个人工作室开始做起，后来建立了自己的团队，慧心源快乐情商学院就这样一步一步发展起来了。

她是一个温柔的人。我觉得她特别适合做心理咨询这个工作，她给人的整个感觉就是柔和的，与人说话总是面带笑容，亲切的、浅浅的笑容，你能感觉到她一直都在耐心倾听并鼓励你说下去，她的语调也是轻声细语的。我认识她这几年，从来没看见过她发脾气。可以想象出，她是如何耐心认真地对待每一个孩子的。

她是一个谦和的人。我们做节目时，一般是我和两个嘉宾，三个人一起就某个心理现象或话题进行讨论，难免会有抢话的时候。每到这时，海英总是耐心地听我和另外一个嘉宾说完，再将她的观点娓娓道来，从不急着插话或表现。还有一次我们晚上录节目，录完已是8点，我提议一起吃个饭，吃完再回去。她说："今天不行了，家里有人过生日，还等着我呢！"说完就匆匆走了。后来我才知道，那天是她先生的生日，全家都在等着她给先生过生日呢！知道后我很过意不去，如果早知道我们就改一天录音了。可是海英在我和她确定录音时间时却只字不提，她不想因为个人的原因而改变大家的安排。

以上虽然只是我的只言片语，但是大家能够从中了解她的为人。

她做学问也是如此。

我是第一次为别人的书写序言，很怕自己不能很好地解读作者与书籍，我认真地阅读了这本书，欲罢不能。我觉得这是一本非常实用而专业的书，能对家长教育孩子起到切实有效的指导作用。我上大学时读的是教育系，而且是学前教育专业，那是20世纪80年代末，读这个专业的学生并不多。学成之后，由于从小钟爱播音主持，我还是选择了自己喜爱的事业。不过，后来我把自己的所学——儿童心理学、儿童教育方法等，都用在培养自己的孩子上。因为学过儿童心理学，所以，在教育自己的孩子时，我还算得心应手，并不像我的有些闺蜜那样，不知道如何处理自己与孩子的关系，不知道孩子到底为什么不听话、不好好学习，等等，每天焦头烂额，总是处于烦躁、焦虑、埋怨中。看完海英的这本书之后，我的第一反应就是这是一本教育孩子的宝典，书出版后，我一定多买几本送给我的朋友，相信她们的那些烦恼都会烟消云散。

书中提道："情商是一种能力，也可以说是一项技能，是需要学习的，而且是需要从小就开始学习和培养的。""家长都希望自己的孩子拥有快乐的童年和幸福的人生，但是这种快乐不只是简简单单地吃了好吃的、玩了好玩的那么容易获得，也不是放任孩子随心所欲、什么压力也不需要面对，而是在孩子获得足够的情商能力之后，才可能有获得真正快乐的能力。当孩子有足够的情商能力之后，家长会发现，孩子的情绪稳定了，表达好了，行为上的自控力更好了，学习态度变得积极了，孩子也变得快乐轻松了。"我深以为然。在我写这篇序言的时候，网上正热议一件事：由于对父母给自己报的钢琴班有抵触，15岁女孩跳楼，父亲欲接住女儿被砸成重伤，父女两人最终经抢救无效死亡。这是一件非常令人痛心的事情，这又让我想起了前一段时间发生的另外两件事。一件是一位初中生整天沉迷于玩手机，父亲一气之下，夺过手机顺窗扔出，儿子为了抢手机，也随即跳出窗户，结果坠楼而亡，父亲悔恨不已。另一件事也是前两年热议的：男孩趁母亲把车停在桥上时，受不了母亲的唠叨，打开车门跑到桥边，跳桥而下，亲眼看见儿子跳桥的母亲当场崩溃。这一件件血淋淋的事情告诉我们，孩子的情商培养是多么的重要。另外，家长和孩子之间存在代沟，如果家长懂得儿童心理学，深谙教育的技巧，教育孩子就会得心应手。

这本书就如海英本人一样，很有亲切感。每一章的开头她都会以第一人称讲一段话或一个例子，读起来就像是一位老朋友在你面前，与你推心置腹。

我曾经问过海英："你每天工作那么忙，为什么还要抽时间写这本书？"她说："在这些年的儿童情商培养工作中，我一直想写一本书，把儿童情商的理念介绍给家长。有了这个模型的指导，家长会更加清楚孩子心理成长的需求是什么，需要以什么样的态度和方式来帮助孩子进行心理建设。这本书经历了多次修改，还是不够完美，有很多思想表达得不够透彻，我需要继续努力，帮助家长更好地维护孩子的心理健康，预防心理疾病。"我就以她的这段话作为本序的结束语。祝大家家庭幸福，生活愉快，孩子健康快乐！

芳 华

北京广播电视台主持人

中国播音主持金话筒奖获得者

北京市社会心理联合会老年心理专业委员会副主任委员

目录

开篇语

第1章 认识"儿童情商能力"的模型

1 儿童、青少年正在面临的心理挑战__005

2 儿童情商能力的五个维度__015

3 哪些儿童需要情商培养?__019

4 家长能为孩子的情商培养做些什么?__025

第 2 章 幼儿阶段情商培养的重点

1. 幼儿的成长从对抗焦虑情绪开始__045
2. 幼儿如何适应幼儿园？__056
3. 幼儿为何要咬指甲？__065
4. 幼儿不合群该怎么办？__073
5. 幼小衔接的心理准备__080

第 3 章 小学阶段情商培养的重点

1. 为什么小学阶段是情商培养的关键期？__093
2. 小学生情绪管理的能力培养__098
3. 小学生同伴关系的能力培养__105
4. 注意力与学习习惯的培养__111
5. 自信心的培养，正确提升抗挫折能力__125
6. 自我管理能力的培养__131

第4章 中学阶段的情商能力培养

1 中学生在想什么？__141

2 家长与青春期孩子沟通是需要学习的__152

3 中学生的厌学情绪和厌学行为__161

第5章 阿斯伯格综合征儿童的情商培养

1 阿斯伯格综合征儿童有哪些特别之处？__183

2 阿斯伯格综合征儿童的人际互动能力__194

3 阿斯伯格综合征儿童的注意力与学习能力__200

4 阿斯伯格综合征青少年的烦恼与未来__210

第6章 抽动症儿童的情商培养

1 儿童抽动症的临床特点__223

2 抽动症儿童的情商特点__232

3 抽动症儿童的家庭教育方式调整__241

第7章 多动症儿童的情商培养

1　多动症儿童的临床表现__251

2　多动症儿童的情绪管理能力培养__265

3　多动症儿童的注意力与学习能力__275

4　多动症儿童的同伴关系培养__287

开篇语

我是一名精神科医生,按常规来说,医生这个角色应该负责"治病"。但是在多年和精神心理疾病斗争来帮病人"争夺"健康的过程中,我更加意识到"防病"的重要性,而且从儿童时期就要重视。

在儿童时期"防病"的过程中,需要一张心理"地图"来给予指导。通过多年的研究和实践,我总结出一张"地图",我称其为"儿童情商能力模型"。我带领团队用这个模型帮助了很多孩子摆脱心理疾病,消除隐患,也帮助家长改善了亲子关系,让家庭氛围变得和谐而温暖。

我经常听到有人说,"孩子的问题都是家长的错误""家长改正错误了,孩子就好了"。然而,事实上这些话既折磨了很多家长,也让孩子的心理困扰变得迁延不愈,甚至更加严重。因为在家长自身做改变的时候有可能改变的方向错了,从一个极端到另一个极端;也有可能家长变得非常能容忍了,但是孩子自己却依然不知该怎样面对各种压力。当孩子自身的情商能力不足时,外界环境的一点点压力在孩子面前都会被无限放大;而当孩子的情商能力得到提升时,孩子就能够以积极的心态去迎接压力。

第 **1** 章

认识"儿童情商能力"的模型

大家都知道"病来如山倒，病去如抽丝"的道理，用这句话来解释精神心理疾病的治疗难度一点也不为过。如果一个人患上抑郁症，那么他就需要很长一段时间来缓解症状、进行心理康复；如果一个孩子拒绝去上学，那么再次上学的时间有可能就是一两年之后了，其间需要家长想尽各种办法去帮助孩子和疾病做斗争，才能逐渐让孩子恢复情绪状态和学习动机。但恢复正常学习和生活的前提是所采取的方式方法是正确的，并且这个过程往往是漫长的、煎熬的。

那么这个"病"是如何来的？如何能让孩子不生病？如果生了病，如何能够在尽可能短的时间里帮助孩子摆脱痛苦和困扰，回归正常的生活？

这些问题都是我在工作中一直在研究的内容。通过多年的实践和努力，这个儿童情商能力的模型日渐成熟，它可以帮助家长更好地理解孩子的心理状态，以及需要重视孩子哪些能力的培养。

1
儿童、青少年正在面临的心理挑战

在孩子出生之前,准父母都会认为自己绝不会给孩子带上沉重的"枷锁",一定要"散养"孩子,让孩子自由发展;然而,自从孩子出生之后,准父母成为真正的父母后想法却不一样了,他们开始精心筹划起孩子的美好未来。

有一句话叫"理想很丰满,现实很骨感",养育孩子的现实情况让父母叫苦连天,当初给予孩子的无限美好期望都被现实无情地打败了。

"现在养孩子怎么这么难呀!"

"为什么现在的孩子这么脆弱?"

"现在的孩子怎么就不像我们那个时候省心?我们小时候写作业根本不用爸妈管,放学回家就会先把作业写完了。"

"孩子为什么脾气那么大？"

"孩子拿起手机玩游戏就不放手，不让玩就发脾气。"

"我们每天都在和孩子斗智斗勇！"

"不写作业母慈子孝，一写作业就鸡飞狗跳！"

…………

这些话是我在工作中听到最多的家长的苦水，想必也是现在很多父母的心声。

正如家长所说，养育孩子的确不是一件容易的事，特别是和过去养育孩子的方式相比。而现代社会背景下，在养育孩子的过程中，家长会遇到比以往更多的困惑和迷茫。

造成这些结果的原因到底是父母教养的过错，还是孩子自身不听话的错？

与其去纠结到底是谁的错，到底该指责谁，不如换个角度来看。例如，孩子的心理上遇到了什么样的压力，父母该怎样转变教育方式来帮助孩子，孩子需要获得哪些能力来提升自己的抗压能力。

"小孩子，除了学习和玩，还能有什么心理压力？"

社会发展了，挑战也更多了。孩子的信息来源异常丰富，他们在一起说的各种网络语言、潮流语言甚至会让家长误以为自己的汉语理解力出了问题，孩子明明说的是中文，家长为什么听不懂呢？信息交流的断层，也会给家长理解孩子带来很大的困难。

在知识信息爆炸的时代，孩子需要学习的内容也更多了。孩子的口头禅都变成了"我太忙了""我没时间""我好想玩"。他们不是在上各种课外班，就是在去上课外班的路上，给孩子找个小伙伴一起玩对于家长来说都是一个大难题。

从发展的角度来讲，这也是社会进步的需要，现在的孩子所掌握的知识和技能都比过去的孩子多得多。接受的教育越来越多，意味着孩子成长过程中受到的"限制"也会更多。不可否认的是，孩子面临的心理压力和挑战越来越大。小学生不仅对知识好奇，对世界也好奇，他们渴望去探索。

玩，应该是这个时期一个重要的主题。但对于现在的孩子来说，玩却成了一种奢望，和同伴一起玩也是一种奢求。有的小学生对我说："老师，我觉得我没有童年，我都有黑眼圈了。"孩子的这句话令我感到非常心酸，我非常想帮他把童年找回来。

社会进步带给孩子的压力越来越大，孩子的心理准备也需要跟得上，否则就难以承受过强的压力。

社会在给予孩子更大挑战的同时，也要赋予他们足够的抗压能力，要重视培养和提升孩子的情商。

孩子的情商会随着年龄的增长而自然提升，但是每个孩子的成长速度不一样。我们需要了解这种情况，帮助孩子更好地发展。当情商能力的平衡被打破时，孩子会以不同的方式向父母发出"求助"信号，有情绪上的，有行为上的，也有认知上的。这些"求助"信号往往很隐蔽，不到严重的程度家长不会发现或重视。

然而，可悲的是，有很多家长会主动忽略孩子的一些明确的"求助"信号。当孩子和父母说想要找个心理医生帮助自己的时候，父母的反馈是"好好的，看什么心理医生？""心理医生没用，还得靠你自己端正学习态度。""有病才看心理医生，你没病！"……这是因为父母从自身的成长经历来看待孩子的烦恼，在父母上学时，根本就不存在心理医生，他们有什么心理烦恼都自己扛过来，所以就会自然而然地认为小孩子不应该有烦恼，即使有烦恼也是不想学习的理由。

小孩子，会有什么烦恼呢？当然有烦恼，因为他们在成长的过程中随时都面临各种心理上的挑战。

一、闹情绪：情绪管理上的挑战

家长希望孩子每天都乖乖的，开开心心的，但实际上孩子会出现各种形式的闹情绪的情况：有的孩子经常从早上起床就闷闷不乐、烦躁，起床气无法消除；有的孩子一想到去幼儿园上学，就感觉非常难受，哼哼唧唧地不愿意去；有的孩子脾气暴躁，有一点不如意就大喊大叫，甚至摔东西；有的孩子胆小害羞，容易紧张，一生闷气就不讲话了；青春期的孩子被父母唠叨的时候就沉着脸，把自己关进房间里不出来。

其实孩子并不是故意闹情绪，此时他们心理上遭遇了不同程度的情绪困扰。当不好的情绪不能顺畅地表达，也得不到家长的理解时，就会形成一股负能量爆发出来，表现出来的各种"闹"其实是孩子遇到情绪方面的挑战了，需要外界的帮助。

随着孩子心理上的成长和成熟，他们必然要逐渐完成情绪上的成长，学会避免用闹情绪的方式来应对压力。这是一个学习的过程，而不是无理取闹。

二、冲动：行为控制上的挑战

进入幼儿园，孩子就开始接受规则、指令的约束。孩子要逐渐适应有规则的环境，遵守纪律，听从老师的指令。他们要克服天性中我行我素、随心所欲的冲动，逐渐适应环境所需要的行为规范。这种行为控制上的塑造，不同的孩子会感受到不同程度的压力。

天生性格活泼好动的孩子，尤其是男孩子，行为上的自控力比较弱，会表现出很多语言和行为上的冲动，这是孩子在行为上遇到的挑战。

安静不下来的孩子动作比较多，行为冲动，不计后果，但是他们的内心是焦躁不安的，渴望得到认可，却又控制不好自己。他们在课堂上会坐不住，玩耍的时候容易与小朋友起冲突，或者是在学校打架，也有的会撒谎、逃学等。

这不是孩子不想表现好，而是孩子行为的自控力发育不好，这种情况并不能通过批评和惩罚而有所改变。

有的孩子有不自主的面部抽动、身体抽动，或者发出怪声的抽动，他们压抑自己的情绪，过分在意别人的评价，害怕别人不喜欢自己。

这些都是他们遇到的行为上的挑战，孩子需要有足够的情商才能顺利迎接这些挑战，否则这些各种小的行为问题逐渐固化下来，成为青春期和成年期的行为困难，对学业的影响也会很大。

三、厌学：学习动力的挑战

有的孩子在遇到困难时非常容易放弃，写作业遇到难题就拖延；在学校里遇到一些困难，就不爱上学，有厌学情绪。

学生时代，需要孩子能够专心地投入学习。然而，令家长最揪心的事情莫过于孩子厌学，孩子对学习这件事情失去了动力。

学习是为谁学的？学习有什么用？为什么要学习？

在学习的动机上，如果家长对孩子过于高标准、严要求，那么孩子的困惑会越来越多。孩子逐渐会得出自己的答案：学习是为父母学的、学习没用、学习不如玩更有意思，学习动力逐渐下降了。

这些都不是父母想得到的答案，而是在高期望下和忽略孩子的心理成长的情况下，孩子应对学习压力的这部分情商能力明显不足。家长如果仍然不断对孩子施加学习压力，那么必然使孩子对学习越来越没信心，也会更加逃避。

每个孩子都有强烈的学习欲望，只是学习的方式、兴趣点各有不同。在学业上需要因材施教，让孩子有信心、有能力去迎接学习动力上的挑战，这样才能避免孩子产生厌学情绪。

四、孤独：同伴交往上的挑战

孩子对同伴交往的需求非常强烈，一方面需要友谊，另一方面需要面对与同伴交往过程中的各种矛盾和困难。随着年龄的增长，孩子对于友谊的理解会越来越深入，这也意味着孩子需要迎接孤独感带来的挑战。

有的时候，一些看起来很乖的孩子却没有要好的朋友，总是独来独往，这说明孩子在人际交往方面遇到了困难。虽然有的孩子也表现出愿意与其他孩子玩，喜欢跟着小朋友一起跑来跑去、喜欢热闹，但是问起他有哪些要好的朋友、能够交心的朋友时，他却一个也说不出来。有的孩子想和小朋友玩，却总是惹大家生气，自己还挺开心，如果有的小朋友不听自己指挥，他就发脾气不再玩了。

孩子小的时候交朋友难度较低，他们内心的困惑和孤独感不会很明显。但是到了青春期，对于同伴深入交往的心理需求会更加强烈，他们需要分享各自有趣的事情、对事物的观点，需要解决矛盾、理解幽默、相互支持，等等。孤独感、被同伴拒绝、不能融入是他们内心深层次的恐惧，也是摆在孩子面前重要的挑战。这个挑战在成年人看来无所谓，却会影响孩子的自信心，导致孩子在学校的集体生活中缺乏归属感。

五、不专心：注意力上的挑战

有的孩子写作业困难、拖沓，半个小时就能写完的作业可能会写三四个小时。有的孩子对学习感到厌烦、厌倦；做题、考试时丢三落四，马马虎虎；生活中经常忘事，自己的物品常常不知道丢到哪里了；家长反复嘱托的事情总是会忘。

注意力是学习过程中非常重要的因素，孩子上了小学之后，就要开始面对学业任务，而且学业任务会逐年增加，这就需要其投入更多的注意力。然而，很多孩子无法专心地听讲、写作业，甚至玩的时候都无法专注很久，那么他们面临的注意力方面的挑战就更大了。

有的孩子的注意力本身并没有缺陷，但是后天的很多因素会破坏孩子的注意力，如长期糟糕的情绪状态就会给孩子的注意力造成不同程度的损害；有的孩子的注意力水平比较低，集中注意力对他们而言更困难，他们遇到的困难就更多了。无论哪种情况，孩子都需要外界的帮助才能逐渐克服困难。

六、叛逆：亲子关系上的挑战

有的家长感到很苦恼，原来很听话乖巧的孩子，突然变得不听话，和父母大吵大嚷，非常叛逆。

孩子小的时候对父母的依赖感很强，需要照顾，害怕被抛弃，因此，他们看起来还是比较听父母的话的，也就是父母用强势的方式能够让孩子听话。久而久之，很多家长也习惯了用这种高高在上的方式与孩子相处，孩子似乎也屈服于这种和父母的相处方式。在某个时间段，亲子关系尚处于比较平衡的状态。

然而，往往看似平静的湖面下依然会有暗流涌动，亲子关系的平衡状态会随着孩子年龄的增长而逐渐被打破。曾经的亲子相处模式必然要发生改变，因为孩子逐渐长大了，他们的自我意识增强，越来越希望自己在父母眼中是可爱的、聪明的、有才华的、优秀的，渴望能够有自主选择的机会。如果家长没有意识到亲子的相处模式该改变了，或是意识到了但没有付诸行动进行改变，那么孩子在亲子关系中的表现就会越来越叛逆。

2
儿童情商能力的五个维度

"情商"的概念自20世纪80年代问世以来，不断被心理学家修正、补充、完善。"情商"是相对于"智商"而被提出的一个概念，学术上也称为"情绪智力"。如果说"智商"是建立在数学运算上的一个衡量标准，那么"情商"更像是脱离数学运算的一个与人的情绪处理过程相关的各种能力的集合名词，是心理活动的社会化部分。"情商"最核心的功能是处理情绪情感的能力，而围绕这个核心，又衍生出个体在社会化过程中的各项能力。

经过多年的儿童心理咨询、情商理论与实践研究工作，我把"情商"定义为除了智力，一个人处理自身情绪情感的能力、处理与他人之间的情绪情感的能力，以及处理与环境之间的情绪情感的能力。以往提出的"情商"概念聚焦成年人在工作中如何让自己的状态去适应职场，一方面这个概念相对局限，另一方面似乎把情商定义为和智商一样，是天生的已经固定下来不可改变的功能。实际上则不然，儿童和青少年正处于成长期，心理功能在逐步完善，有很大的可塑性。我们特别需要用儿童情商的相对系统完整的概念来理解儿童、青少年成长过程中的心理活动和心理功能失衡的情况，并且让心理功能失衡的情况得以改善，同时也起到提升心理功能的作用。

因此，儿童情商的概念既包括对于儿童心理起到疗愈的部分，也包括对于儿童心理的各方面能力起到提升的部分。当儿童和青少年的情绪行为出现困扰甚至形成了一种障碍时，那么就是他们的情商能力的发展出现了不均衡的情况而导致的结果，我们就需要帮助他们进行疗愈。每个孩子天生的个性、气质不同，会在成长过程中遇到不同的压力，需提升情商能力来更好地应对压力，防止患上心理疾病。

所以，情商是一种能力，也是一项技能，是需要学习的，而且是需要从小就开始学习和培养的。

家长都希望自己的孩子拥有快乐的童年和幸福的人生，但是这种快乐不只是简简单单地吃了好吃的、玩了好玩的就能获得的，也不是放任孩子随心所欲、什么压力也不需要面对，而是当孩子获得足够的情商能力之后，才可能有获得真正快乐的能力。当孩子有足够的情商能力之后，家长会发现，孩子的情绪稳定了，表达清晰了，行为上的自控力更好了，学习状态变得积极了，孩子也变得快乐轻松了。

对于"儿童情商"这个模型，我更想把它称为"儿童快乐情商"，是指让孩子获得真正快乐的能力。

什么是"儿童情商"？

我把"儿童情商"归纳为五个维度的能力，简称 EAPMC，接下来详细介绍这个模型。

E——情绪管理的能力（Emotion management）：认识自己的情绪，理解他人的情绪，用适当的方式表达自己的情绪，能够用积极的方式处理自己的消极情绪，能够获得积极情绪或者成就感，能够接纳自己的消极情绪。

A——注意与学习的能力（Attention and learning）：能够保持适当的注意力、好奇心和探索的能力，乐于学习新知识，在学习过程中能够克服困难，获得成就感。

P——处理同伴关系的能力（Peer relationship）：获得友谊的能力、解决同伴间矛盾的能力、维持友谊的能力；在同伴关系中不会过度讨好，也不会因为别人的拒绝而过度恐惧。

M——自我管理的能力（Self-management）：随着年龄增长逐渐增强的自控力，克服语言冲动和行为冲动的能力；逐渐能够具备时间管理、任务管理的能力；能够自行合理安排自己的各项任务，具有较好的执行能力，遵守规则。

C——适当的自信心（Self-confident）：能够正确地自我评价而不是依赖他人，能够勇敢地面对挫折而不是退缩，面对困难的时候具备自我激励、自我成长的能力（清楚自己的弱项并且想办法改善）。

这五方面的能力是孩子获得真正快乐所需要的能力。这里所指的快乐并非无忧无虑、毫无压力，而是在学习面对和承受各种压力之后逐渐获得的一种积极乐观、敢于面对挑战的心态。

3
哪些儿童需要情商培养？

一、情商，是一种能力，需要学习！

有的家长和孩子会有所误解，他们认为情商低的人才需要培养情商，自己情商不低根本不需要学习！

哪些孩子需要进行情商能力的培养和学习？是不是进行情商能力的培养就意味着一个人情商太低？

我认为所有的孩子都需要学习，家长也需要和孩子一起学习管理情绪等方面的技能。因为情商能力中最基本的能力就是情绪管理的能力，这是每个人都需要的。这些能力可以帮助孩子管理好自己的情绪，也可以提升孩子应对来自各个方面压力的能力。压力是不可避免的，孩子要学会迎难而上，而不是遇到困难时像鸵鸟一样把脖子藏到沙子里去逃避。

虽然智商与孩子天生的素质有关系，但是即使天生聪明，如果没有后天的努力学习和培养，孩子终将平平庸庸，碌碌无为。家长应该让孩子的智商得到充分发挥，而不是等到孩子长大了抵抗不了压力的时候才感慨"这孩子小时候特别聪明，是读名牌大学的料，只可惜脾气不好耽误了一生！"智商再高也需要足够的情商能力来推动运行，如果把智商比作硬件，那么情商能力就是需要不断升级的软件，需要不断培养和提升，让孩子能够真正实现快乐地学习和生活。

情商能力是需要后天培养的，每个孩子都会有心理能力发育发展不平衡的时候，这就需要在孩子成长的不同阶段有意识、有重点地进行相应能力的培养。情商能力对于孩子来说有天生的一部分，也就是孩子的性格，有的孩子天生活泼好动，有的沉稳，有的敏感，有的倔强，有的自得其乐，等等。这些天生的性格就是孩子的情商能力的基础部分，不同的孩子，这些基础部分也是不同的。

没有完美的父母，也没有完美的孩子。在养育孩子和孩子成长的道路上总会有这样或那样的坎坷，不是一帆风顺的。坎坷和困难是孩子在成长的各个阶段都会遇到的，是成长的需要与成长的障碍之间的冲突，会使得他们在这个阶段遇到各种情绪和行为上的困扰。如果小的困扰得不到很好的解决，就会逐渐变成大的困扰，甚至变为心理疾病。

那么，哪些儿童迫切需要进行情商能力的提升？或者说在哪些情况下家长要非常重视孩子的情商能力的培养？

孩子进入幼儿园之后，就正式开启了他们的社会化进程，需要适应集体生活，遵守集体规则，学习与他人相处，学习适应环境，学习新的知识，这也意味着孩子情商能力的培养越来越重要了。

孩子进入小学之后是情商能力培养的关键时期，情商能力培养可以为更好地适应中学生活和压力做好准备。

如果孩子出现了以下情况，就说明孩子的心理出现了困扰，也表示情商能力在某些方面下降了，需要有针对性地去提升。

二、孩子出现明显的心理困扰

（1）**孩子的情绪出现了困扰**：孩子容易哭泣，心情低落；非常容易生气，有的容易生闷气，有的大哭大闹，甚至打人、摔东西等；有的孩子的情绪困扰表现得不是很明显，只是担心、焦虑等，但是在行为上会出现咬指甲、写作业拖沓等情况；有的孩子胆小，很容易害羞，谨小慎微，思前想后，心事太重。孩子的消极情绪占了上风，积极情绪越来越少，这些表现说明孩子的情绪管理能力下降了。

（2）行为上的困扰：孩子过于活跃，安静不下来，经常有破坏行为，课上小动作过多，沉迷于网络游戏等。有的孩子出现抽动的动作，如频繁眨眼睛、吸鼻子、清嗓子、发怪声等。这些行为上的紊乱说明孩子的行为控制能力和自我管理能力不足。

（3）学业上的困扰：孩子注意力不集中，写作业困难，反抗写作业，书写困难，阅读困难，不愿意上学甚至拒绝上学等。这些表现说明孩子的注意力与学习能力下降了，这是家长和老师非常关注的，也受其他方面能力的干扰。

（4）同伴相处上出现了困扰：孩子几乎没朋友，在学校很孤独，同伴间出现矛盾时不会解决，融入不了集体等。同伴交往能力是孩子未来走向社会的基础，如果这个能力不足，会逐渐加重孩子的孤独感，让孩子自我否定。

（5）在亲子关系上出现了困扰：孩子和父母经常闹脾气，吵架；和父母对抗，让做什么偏不做；拒绝和父母说话、交流等。和谐的亲子关系是孩子健康成长的基础，如果亲子关系出现了困扰，父母就更应该参与到孩子的情商能力培养的过程中来，和孩子一起改变。

三、日常生活中，需要培养孩子的哪些情商能力？

（1）**用语言表达情绪**：发脾气、生闷气、攻击别人等是不恰当的情绪表达方式，用语言来表达情绪是孩子潜在的能力。并不是每个孩子都能把这个能力自动发挥出来，需要一定的培训和练习才能合理表达出来。

（2）**逐渐养成良好的学习习惯**：每个家长都希望孩子能够尽早养成良好的学习习惯，然而，这个过程是漫长的，这个能力是在孩子大脑逐渐发育成熟的基础上而获得的能力，也就是在孩子当前的年龄培养起相应的能力。家长往往会以成年人的学习自律性的标准来要求孩子，而忽略了孩子的年龄因素，也就是"揠苗助长"。培养良好的学习习惯也不是剥夺孩子"玩"的时间，年幼的孩子更应该在"玩"中去认识世界，激发学习新知识的兴趣。

（3）**克服畏难情绪，提升抗挫折能力**：任何孩子都会有畏难情绪，有轻有重，需要学会逐渐改正害怕困难、逃避困难的缺点。畏难情绪也容易产生一系列后果，如写作业拖沓、逃避困难的事情、不敢尝试新的活动等。当畏难情绪减少了之后，孩子的抗挫折能力也会明显提高。这个能力要从生活中的小事做起，例如，孩子写作业时有一个错误，家长指出来了，孩子仍不想改，那么可以让老师来评判这道题，如果是孩子错了，家长也不要批评孩子，应该和孩子一起来分析这道题。正确应对这样的小挫折之后，孩子能逐渐克服畏难情绪，直面类似的小困难。

（4）**适应集体生活的能力**：孩子上幼儿园、小学、中学、大学，直至步入社会，都要在集体中逐渐适应。适应包括对规则的遵守、参加集体活动、听从指令、执行老师安排的任务等内容。在适应的过程中，个体会有保持一定的自我独立性和独特性的需要，其与被要求遵守集体规则、和集体保持一致、克制住以自我为中心的需要之间发生了冲突。孩子在成长的过程中需要逐渐学会化解这种冲突，保持自己与集体环境之间的和谐，这就是适应集体生活的能力。例如，在做眼保健操时，孩子能够克服想画画的冲动，跟随大家一起做眼保健操。

（5）**在友谊中沟通和解决矛盾的能力**：每个孩子都渴望友谊，获得友谊是孩子的一项基本能力。有的孩子能够轻松认识新朋友，但是很难维持良好的友谊；有的孩子虽然没有几个朋友，但是友情深厚。要想维持和同学、朋友之间的良好关系，必然需要良好的沟通和交流能力，如果孩子能分享情感、经历，倾听别人，那么在遇到大大小小的矛盾和冲突时也能比较好地面对和解决。

4
家长能为孩子的情商培养做些什么？

家长经常找我寻求方法，有的家长甚至要自己学习心理学，想成为心理咨询师，觉得这样就可以学习到更多的方法来好好地管教孩子。然而，事与愿违，在使用五花八门的方法之后，家长和孩子之间的情感距离却越来越远。

为什么会出现这样的情况？家长也很受挫，很沮丧，自己非常努力地为孩子快乐成长做了这么多，却看不到效果。我经常和家长这样说：真正对孩子有帮助的是家长对孩子的温暖的情感，而不是那些让孩子害怕并抵触的各种冷冰冰的方法。家长用方法来约束孩子，看似"管住"了孩子，但忽略了孩子心理成长最需要的情感支持和理解的部分。

强强上小学一年级了，可是平时特别好动，在班里坐不住，上课时总和小朋友打闹，老师批评了就安静一会儿。他的妈妈试过很多惩罚的方法之后并未见到任何效果，于是听取别的家长的建议，给孩子用了很长时间的代币制方法。具体方法是孩子表现好了就会获得一颗小星星，如果表现不好就无法获得小星星，等攒够了20颗小星星之后，妈妈就可以给他买想要的玩具。开始的两天，强强表现得特别好，特别遵守纪律，上课积极举手发言，没有和同学争吵，于是顺利得到了两颗小星星。但是到了第三天强强没忍住，课间和小朋友发生了矛盾，但强强觉得这件事没发生在课堂上，所以自己应该得到小星星。然而，妈妈却不同意，认为只要是和小朋友有矛盾就是表现不好，不应该得到小星星。强强感到不公平，一直嚷嚷，最后还是没得到小星星。于是几乎每天，强强都因为得小星星的事情和妈妈争吵、发脾气，在班里的表现也退回到原来的样子，甚至有时比原来还差。妈妈说："你再不好好表现，就没有小星星了"，谁知强强似乎也"破罐子破摔"，表示："反正我怎么都表现不好，我也不要小星星了"。

强强的妈妈希望孩子能够改掉不好的习惯，可强强的问题主要是自控力差、注意力不集中、和同伴交往有困难，这些情况并非单纯的奖励就可以改变的。很多家长错误使用代币制，不但没有让孩子纪律变好，反而让孩子的脾气越来越糟糕。实际上，用代币制或者物质奖励来塑造孩子良好的行为习惯，不如用语言认可、情感支持理解和鼓励更有效果，这些也是孩子非常需要的。

强强一开始能够积极参与妈妈制订的奖赏计划，之所以不能继续进行下去，一个很重要的原因是妈妈设定的标准太高。妈妈期望通过这样一个计划把孩子在学校所有的"坏毛病"都改掉，这是不现实的，孩子达不到标准，从而产生了很强的挫败感，之后他只好"破罐子破摔"。强强的妈妈如果能把标准降低，只针对强强的一个行为问题进行奖赏，那么效果可能会大不一样。例如，只针对孩子上课时不和同学说话这一项来奖励，孩子比较容易做到并且能拥有成就感，那么在一定时间里帮助孩子矫正行为的预期就达到了。还有一个注意事项，就是在计划实施的过程中，家长对孩子的行为要保持积极关注，把关注点放在孩子的进步上，哪怕只有一点点进步，也要在语言上加以认可。这个计划的失败还有一个原因，就是妈妈过于和强强去争辩是否应获得小星星，导致越来越偏离了轨道，远离了要解决的核心问题。因此，要把计划设置成"小目标"，聚焦孩子当前突出的问题。例如，把小目标定为减少强强上课时和同学说话的行为这样的具体问题上，目标就比较容易达成了。

心理学的方法有很多，如果不能合理使用，或者不了解哪些方法不能用，那么还不如不用。心理学方法就像药物一样，本身是有各自适应症、副作用和禁忌的，当某种方法的使用不对症时，其对孩子的作用完全相反。从实际情况来看，当孩子进入青春期后，有的家长才意识到孩子大了，家长的"方法"已经根本不起任何作用了，而且还会引起孩子的强烈反抗，这时家长才能领悟到情感沟通、支持、理解、鼓励有多么重要。浓浓的亲情来自父母的温暖呵护、耐心培养、信任欣赏，这样才会让孩子的情商能力得到提高。如果家长使用了某些"方法"之后，孩子的状态更加不好，那么就要停止使用了。

很多孩子都有与强强类似的情况，这是情商能力不足所引起的各种行为问题。在期望孩子健康成长的同时，家长也需要做一些改变。毕竟，任何心理学方法起作用的前提是良好的亲子关系和亲子沟通。

那么，家长如何为孩子的情商培养助力呢？以下是我认为比较重要的几个方面，也是经常给家长的建议。

一、家长的情绪管理，拒绝"急躁"，练习"低调"

强强的妈妈表示，有孩子之前，大家都说她脾气好，性格不急不慢，很少和别人红脸。但是自从有了孩子之后，强强的妈妈说自己俨然已经成了"悍妇"，脾气越来越急躁，嗓门也越来越大，家里总是鸡飞狗跳的。但是，强强长大一些了，吼呀打呀都不好使了。她有时被孩子气得暗自落泪，孩子才上一年级就这么难管，将来怎么办呀？

在大多数家庭里都由妈妈负责管理孩子的学习和日常生活，所以，妈妈的情绪更容易失控。

强强平时写作业总是拖拖拉拉的，半个小时能完成的作业总要拖到半夜，因此，妈妈总为他写作业的事情而情绪崩溃。爸爸却不以为然，认为是妈妈的方法不对，对强强的态度不好才造成孩子写作业拖沓。有一天妈妈出差，爸爸辅导强强写作业，一开始爸爸还能很耐心地和强强好好商量，后来爸爸也开始对孩子吼叫起来，最后强强的作业还是拖到很晚才写完。

这是孩子和父母长期以来形成的一种不良的互动模式，孩子的拖沓已经成了习惯，而家长的情绪失控也成了常态。一方面，这是因为孩子时间管理和执行能力的不足；另一方面，家长的坏情绪也让孩子的执行能力受损严重。

家长的情绪失控往往在孩子小学一年级的时候开始，通常在孩子上学前班或幼儿园大班的时候就已经有苗头了。当孩子的学习能力还不强时，家长一定要控制好自己的急躁情绪，因为这种情绪既不利于孩子的良好学习习惯的养成，也容易让孩子对学习产生厌烦情绪。而且急躁的情绪也容易转化为"怒吼"，频率和强度也会越来越高。

急躁情绪在家长中普遍存在，这背后是家长的焦虑心态。家长对孩子存在各种各样的担心，如担心孩子作业写不好被老师批评，担心孩子竞争不过别的孩子，担心孩子现在拖拉将来会更糟，担心孩子时间管理能力太差，担心孩子不够坚强勇敢，等等，这使家长在面对孩子时往往看到的都是孩子的不足，也会在心里给孩子设定很高的预期。这些预期并不是没必要，但超出了孩子当时的年龄所能承受的，有时家长往往会不自觉地用成年人的标准来要求年幼的孩子。

那么，家长该如何管理好自己的急躁情绪呢？建议家长经常做"低调练习"，就是在和孩子聊到写作业的时候，音量放低，语速放慢，这样自己就不会那么急了；如果特别生气，就先出去走走，做些其他的事情，让心情平复一下。"低调练习"也可以用在孩子的时间管理上，因为孩子的学习习惯培养需要时间，也需要耐心，同时还要根据每个孩子的不同性格特点来培养。如果家长按照设定的要求管理孩子效果很不好，那么就要适当降低要求，在要求上把"调子"放低一些。在写作业的时间管理中，如果定好的时间孩子难以遵守，那么就说明要求有些高了，需要适当放低一些，在任务的开始和结束的时间上允许有一定的浮动空间。

有一个脾气暴躁的四年级女孩，经过一段时间的心理疏导，情绪有所好转，我开始和她一点点地讨论写作业的时间规划。有一次周末她想和爸爸妈妈一起去郊区玩，但是爸爸妈妈要求她把作文写完才能去。这篇作文她考虑了很久还没开始写，爸爸妈妈就不停催促她马上写，但她就是不动笔。我和她经过商量，她觉得自己已经构思好了，可以写了；而爸爸妈妈催促她的时候，她想和他们商量在路上写，但怕他们不答应就没敢说。爸爸妈妈听了之后尽管心里不太愿意，但是在孩子说出想法之后决定按照我的建议"低调"一次，尝试尊重孩子选择的方式；而之前他们的做法是直接拒绝，理由是"你既然制订好了计划，就一定要严格执行"。于是，课后去郊区的路上，她一气呵成把作文写完了，妈妈没有像往常那样唠叨，而是平静地和孩子说"相信你能很快完成"，那个周末全家过得很轻松愉快。

"低调练习"可以让家长和孩子一起共同调整情绪，这样就会更好地帮助孩子克服自身的弱点，提升管理情绪的能力。

有的家长本身性格急躁，容易焦虑着急，情绪波动比较大，很容易被孩子惹得非常激动。家长也觉得总是这样发脾气不太好，对自己对孩子都不好，想要"低调"却力不从心。那么，家长该如何调整自己的情绪，让自己不那么容易发脾气呢？

下面介绍两个方法，家长可以试一试。

第一个方法是"涂色平静法"。家长平时可以准备一些自己比较喜欢的填色图案，如花朵植物、风景、建筑物、小动物的图案，可以从网上找，也可以买一些专门涂色的书。如果你喜欢"旧物利用"，也可以把孩子小时候没用完的涂色书拿来继续使用。通常涂色使用的工具是彩铅，其涂色效果比较好。家长可以在家里，也可以在工作日午间休息的时候，还可以在等人的空闲时间，用涂色代替看手机。一开始涂色的时候，你可能很急，线条有些乱，没关系，不用责怪自己涂得太难看，可以和自己说"第一次涂色，还是不错的，下次会涂得更好"。在涂色的过程中逐渐聚焦涂色这件事情，在这个过程中如果总会想起不高兴的事情，那么就提醒自己"我先把注意力放在涂色上"。一方面，可以让你不去关注那些不开心的事情；另一方面，颜色会舒缓你的情绪，坚持一段时间，你的情绪就会平复得快一些。

第二个方法是"听音乐平静法"。你可能听说过这个简单的方法，但是从来没用过，也许你可能根本就不相信听音乐会让人放松。不过不相信也没关系，因为每个人放松的方式不同，你也可以试试"听音乐平静法"。你可能试过用音乐来放松，但感觉越听越烦躁，可能是你的音乐选错了，也可能是你听音乐的方式错了。在选择音乐时，尽量选择悦耳、简单的音乐，以及节奏不快不慢的音乐，不要听那些比较复杂的、音调起伏比较大的乐曲，如古典音乐、交响乐等（当然如果你特别喜欢这些乐曲也可以）。选择一个单独的安静的时间，闭上眼睛，身体靠在舒适的沙发或椅子上，播放音乐的时候把注意力放在音乐上，当注意力不小心"跑开"的时候，你可以轻轻地把"跑开"的注意力拉回到音乐上。每次可以听5～20分钟，之后可以体会一下放松的感觉，也有可能在这个过程中你小睡了一会儿，很轻松。

二、有效的陪伴离不开和孩子进行愉快的语言交流

我看到强强妈妈的时候，她的表情很凝重，在谈话的过程中经常叹气，看着强强蹦蹦跳跳的样子眉头就皱起来。她说，自己回到家里每天因为孩子不写作业、被老师投诉的事情冲孩子发脾气。自从强强上学前班开始，家里的空气变得凝重，父母往往在训斥孩子，有时候爸爸妈妈一起训孩子，孩子回家也越来越不愿意和他们说学校的事情。提到家庭氛围，强强妈妈若有所思，记得孩子小的时候，因为强强的可爱举动，家里经常欢声笑语，可是现在的家全都变样了，曾经的笑声几乎消失了。

很多家长都会和强强的妈妈有同感，除了基本生活所需要的言语，孩子回家之后很少与家长交流，而且随着年龄的增长，孩子越来越不愿意和家长多说话了。

像强强这样活泼、爱表达的孩子，说一些无关紧要的话时会滔滔不绝，可一聊起重要的深入的话题，他就会跑开，有的还会顾左右而言他。家长很想知道孩子在学校的表现怎么样、遇到什么困难了、有什么开心的事、是否受到老师的批评、是否犯错误了……无论家长怎么问，孩子就是不说，只是应付两句"没事儿""挺好的""还行吧""忘了"……孩子上了小学之后，日常生活中亲子间的沟通语言越来越多地集中在学习和写作业上，孩子逐渐不再和家长提起在学校的烦恼。

幼儿园阶段的孩子由于表达能力有限，需要家长在陪伴玩耍的过程中一点点地和孩子交流。有的孩子曾经和家长说起在学校的烦恼，但是家长觉得这些都是小事，不理解孩子为什么总要抱怨这些小事情。久而久之，孩子也懒得讲了，心想"反正说了也没用，你们还是会嫌我做得不对"。到了青春期，孩子会更加和父母保持距离，什么事情都不说，有的甚至吃饭都在自己的房间里。

有效的陪伴、亲子间愉快的语言交流会让孩子愿意与父母交流。说起来简单，做起来很难。不同性格的孩子会让家长陪伴孩子时的心情跌宕起伏。有的孩子话比较多，滔滔不绝，一天到晚说个不停，家长会不耐烦地说"闭嘴""别说了"；有的孩子话特别多，每天看起来很开心，但是在学校的事情，怎么问他都不说，经常很敷衍地回答"还行""没什么"。

孩子很喜欢追着父母说机器人、科学、天文、地理或手机游戏里的内容，家长不喜欢，但是孩子非常想和父母分享，也希望得到父母的欣赏。而家长想的是让孩子更关注学习成绩，想与孩子讨论学习方面的内容，这当然是非常有必要的。如果父母和孩子之间平时的沟通比较顺畅，孩子是能够而且可能会很积极地和父母讨论学习上的想法的，但这个前提是亲子关系良好，所以，倾听就是家长每天要做的一个功课了，这也是增进亲子关系的基础。如果孩子说了在学校里的烦恼，或是抱怨老师和同学，那么家长也要尽量耐心地去倾听，先理解孩子的委屈、生气、难过的感受，不要训斥他。

在家里可以每天开展"快乐聊天时间"的家庭活动。在这个时间段，家长和孩子只讲有意思的、好玩的、开心的事情，其他的如关于上课、学习、写作业等容易引发亲子冲突的内容不要放在这个时间段里聊。在这个活动里让孩子讲他感兴趣的内容，同时家长也要放下手机，专心听孩子讲，好奇地提一些问题。可以全家参与，也可以让一个家长陪伴孩子，当然，主讲的是孩子，让他尽情表达自己喜欢但是平时没有时间表达的内容。

三、在一段时间里接纳孩子的缺点

我在访谈家长时，他们说的最多的是孩子的缺点，而且是"无法接受""必须马上改正"的缺点，如孩子不能按时刷牙洗脸、起床太晚、写作业太拖沓、容易哭闹、见人害羞、不愿意弹琴、不爱学习、害怕困难，等等。

在遇到困难时，孩子可能会自动选择退缩，这种心理其实很正常，心理学上称为"趋利避害"，是一种自我保护的本能。然而，这种自我保护的能力如果在不正确的养育方式下被强化，例如，孩子做错了就被训斥，或者逼迫孩子完成超出他的能力范围的学习任务，或者看到孩子有畏难情绪，家长就又急又喊甚至气急败坏，接受不了孩子会有畏难情绪，那么孩子就可能更不敢去尝试了。当孩子存在畏难、退缩表现时，家长要暂时接纳孩子的这个"缺点"（其实并不是什么所谓的缺点，只是孩子暂时达不到要求而已），同时一点点地鼓励孩子去试着面对自己不敢做的事情。

如果孩子害羞，不爱和别人打招呼，那么家长就会很急，不停地逼着孩子打招呼，结果家长越着急，孩子越退缩。家长困惑的是孩子怎么也不肯打招呼，而此时家长心中也会有很多担忧，就怕孩子以后会越来越害羞。实际上对于性格内向的孩子来说，和别人说话非常有压力，也很痛苦，因此，强制孩子也达不到效果。面对这种情况，家长先要试着理解和接纳孩子的这种害羞情绪，打招呼的事情可以让孩子尝试着做，但如果一两次之后孩子仍不愿行动，那么家长可以试着给孩子做示范，"孩子不行动，家长先行动"，那么孩子的害羞情绪会逐渐缓解。

孩子不是完美的，在一定时间内有缺点和不足都是正常现象，不能用成年人的行为标准来要求年幼的孩子，也不可能让孩子一下子就理解很多道理而立刻行动，孩子不可能一下子就能达到父母的要求。孩子需要耐心培养，家长千万不要给孩子的这些缺点乱贴标签，如胆小鬼、笨、害怕困难等负面标签。一旦贴上标签，孩子就更加害怕困难，而且觉得自己应对不了困难，内心就会越来越自卑。正确的做法是与孩子一起分析困难在哪儿，共同寻找解决困难的办法，鼓励孩子勇敢地尝试。

然而，对于接纳孩子的缺点，很多家长难以做到，他们看到孩子的缺点就非常着急，觉得这些都是必须马上解决的，否则孩子将来会非常糟糕。他们还会觉得一旦接纳了孩子的缺点就是放任孩子。他们总觉得应该不断催促、指出错误，才能让孩子进步。其实这是一种误解，实际上父母的鼓励和认可才能有效地帮助孩子补足短板，发挥自身优势。在接纳孩子的缺点这个问题上，父母往往觉得这是在放任孩子，其实不然，只是脚步放慢一些，等待孩子的成长。例如，让孩子学会自己管理时间，这个能力的养成需要一个学习和逐渐适应的过程。家长要耐心地培养，随着孩子年龄的增长，本身的自律性也会加强，那么孩子也会逐渐有意愿、有能力去管理好自己的时间。

四、真正被父母欣赏的孩子也能接受批评

在养育孩子的过程中，家长往往关注孩子的缺点，忘记了寻找孩子的优点，忘记了用欣赏的眼光看孩子。每个孩子都是独特的，他们需要在欣赏、认可、鼓励的养育环境里健康成长。

让家长想到孩子的优点很难，家长想到的都是孩子的缺点。家长带着这样的心态面对孩子，带着一种挑剔的、不满的甚至嫌弃的眼神和语气，情绪上也很容易被孩子的某些行为所惹怒，如写字不整齐、做事拖沓等。

有时，孩子的优点和进步被家长忽略了，家长觉得孩子这么做都是应该的。例如，某几天孩子放学回家就写作业，家长没有看到孩子的进步，反而给写完的作业频繁挑错，最后孩子放学回家及时写作业的积极性就没有了，反而越来越拖沓。

可能有的家长会问：总欣赏孩子、表扬孩子，那孩子不就接受不了任何批评了吗？由于存在这样的担心，有的家长会更多地指出孩子的错误，极力纠正孩子的各种行为。时间长了，家长发现孩子越来越接受不了批评了，这是因为孩子在长期的批评指责中自信心严重降低，非常敏感。有的家长会觉得自己总是在表扬孩子，但是孩子还是自卑、敏感，孩子感觉不到家长的认可，而是经常被否定。在家长和孩子的互动中，往往家长给孩子的指责比较多，经常批评孩子。在一个家庭中妈妈比较爱唠叨，但是来自爸爸的批评往往对孩子尤其是男孩子的负面影响更大。爸爸们会认为"如果我现在不批评他，不给他指出错误，将来到社会上会有人教训他的""如果一直接受表扬，那么他以后就接受不了任何批评了，所以我要让他适应被批评"。

因此，亲子双方的感受经常是不同的，父母认为自己没有批评孩子，孩子则认为家长总认为自己不好，总是批评自己。

家长的观点不无道理，如果孩子不能接受批评，会给他现在和将来的学习和生活带来困难。然而，孩子不能接受批评也是内心自卑、没自信的一种表现。帮助孩子找到自己的优点是培养孩子自信的一种方式，他们会逐渐认为"我还很不错""我是个好孩子"，慢慢地他们就不会那么害怕被批评了。这不是一味地无原则地夸奖孩子，当孩子犯了错误时，要对孩子做错的事情本身进行批评，而不要因为这件事情否定孩子的一切，要就事论事，如"你是个好孩子，我理解你很想和同学玩，但是扔同学的东西就不对了"。

五、家长练习倾听孩子

倾听的能力对于家长来说是一项非常重要的能力，一定要倾听孩子的话语，无论合理的还是不合理的。

倾听，看起来很简单，但是做起来很难。

有的家长觉得这太简单了，但是听孩子讲话很痛苦，孩子没完没了地说，听得头疼，让他别说了也停不住；有的家长说没时间听孩子讲话，每天有那么多工作和家务要做；有的家长在听孩子讲话时，眼睛却一直盯着手机屏幕……

这里所说的倾听，是认真地听，孩子讲的时候家长要放下手机，看着孩子认真地听，也要适当地根据孩子所讲的内容进行互动。如果孩子讲的时间太长，可以试着和孩子约定一个时间，如 15 分钟、20 分钟或 30 分钟，过了这个时间就建议孩子先去写作业或做别的事情，或者和孩子商量让爸爸妈妈来讲一会儿。

六、培养孩子广泛的爱好

爱好能够激发起孩子的兴趣，这样孩子的生活不会过于单调，让孩子热爱生活，这样同伴之间也会有更多共同的话题，让孩子与同伴交流想法，分享知识，使其更容易融入集体中，即使孩子独处，也会感到充实。

相对广泛的兴趣爱好对于孩子来说是一个心理上的支撑和乐趣的来源。当孩子的注意力能够集中在自己感兴趣的事情上时，他的内心是快乐的，尽管需要克服很多困难。

例如，有的孩子喜欢画画，家长就要鼓励孩子画画，并不一定要让孩子参加各种考级或比赛，而是让孩子在画画的过程中享受乐趣，有成就感。

儿童对外界很多事物都非常好奇，想去探索，在这个阶段，不能只让他学习书本上的知识。

然而，儿童的情商培养并不是一件非常简单的事情，因为每个孩子的性格特点和所在的处境不同。父母面对孩子的种种情况想尽了各种办法，但是孩子的情商没有培养起来，反而问题越来越多。有些家长学习了很多育儿知识，也做出了非常大的改变，但是孩子的脾气依然很大，孤僻，不愿和别人交往，写作业依然非常拖沓等。

这样的情况表明孩子的情商能力明显不足，并非单纯因为父母的养育方式不当或者亲子关系存在问题，父母需要对孩子进行系统而综合的情商能力培养。

第 2 章

幼儿阶段情商培养的重点

我讲课的时候，经常会引用下面这个例子：

一对夫妇有三个孩子，老大从小活泼开朗、友好、爱笑、性格温和，两岁左右的时候开始和小朋友玩，喜欢在外玩耍，上幼儿园、上学都高高兴兴的，家人总是夸赞她；老二则非常安静，看见爸爸妈妈也只是抬头看一眼，经常喜欢自己玩，家人总是会忘记他的存在，在学校里一个好朋友都没有；老三是一个非常让父母头疼的孩子，出生后总是哭闹或者生病，不过每天都精力充沛，上蹿下跳，在幼儿园里经常和小朋友有矛盾、打小朋友。

三个孩子虽然都是同一父母生的，但是每个孩子天生的个性，也就是气质类型是不一样的。老大属于容易型，这种气质类型的特点是婴儿期能够迅速适应有规律的日常生活，情绪状态比较稳定，容易感受到愉快的心情，并且很容易适应新的事物和环境。老二属于慢热型，不活跃，对环境刺激表现出轻微的、低强度的反应，比较消极，并且对新事物适应得比较缓慢。老三属于困难型，日常生活没有规律，接受新事物较慢，并且他的情绪和行为的反应比较消极，有可能过于消沉，也有可能过于兴奋。

实际上，很多孩子的气质类型是以上情况的混合，比较复杂。在幼儿时期，情商培养重点要根据孩子的不同气质类型去进行，但不要打压孩子的天性，而是在他们天生的气质类型特点的基础上，有重点地提升他们欠缺的能力。

1
幼儿的成长从对抗焦虑情绪开始

有的家长会遇到以下情况：

孩子因为一点儿小事就哭泣、早上闹着不想去幼儿园，黏着关心她的老师不愿离开；注意力难以集中，心不在焉，喜欢玩的玩具也玩不了多久，经常因为拼不好玩具而生气，打自己的头；坐立不安、恋物、容易发脾气、和小朋友打架、不遵守规则；经常独处、咬手指甲；出现退行的表现，像小婴儿一样撒娇，生理上的表现为尿床，或者在幼儿园频繁尿裤子；伴有身体上的其他表现，如便秘、肚子痛、头痛、恶心呕吐、脸红出汗、容易疲劳、睡眠不安，睡前哭闹，挑食、不愿吃饭等。

以上情况是孩子过度焦虑的表现，孩子在成长过程中不可避免地会遇到一些压力，有的压力孩子能应付得了，而同样的压力对于某些性格的孩子却过于沉重，令他们难以应对，导致出现各种不适应的表现。孩子在成长过程中，必然要和各种程度的焦虑做斗争，只有战胜了各种焦虑情绪，孩子的内心才能实现真正的强大。

一、幼儿过度焦虑情绪的表现

焦虑情绪是每个人都有的，也是人类生存所必需的一种情绪，伴有一定程度的紧张感。适当的焦虑会使人们为既定的目标而进行努力，注意力会集中在重要的事情上；轻度的紧张感，有助于人们采取有效的措施应对即将来临的压力。而当焦虑过度时，紧张感会很强烈，使人们难以进行有效的思考和行动，这时人的身体生理反应会很明显，心血管系统、胃肠道系统、神经系统、肌肉系统等都会过度兴奋。

过度焦虑情绪的产生有时很难断定具体的原因，有时是因为有明显的压力事件，如考试、演出等。人之所以会产生焦虑情绪，可以从认知、情绪、生理这几个方面来理解。从认知上来讲，担忧会引发情绪，如担心考试考不好会被惩罚、上台表演会被别人笑话，也有不明原因的莫名的担忧，如对亲人、自身生命安全会受到威胁、前途无望等的担心，这是一种糟糕至极的想法；情绪上是紧张、烦躁、不安甚至恐慌，遇到轻微的刺激就会发脾气；身体上也会有一系列的不适感。焦虑的本质与有压力的事情有关，同时对自己的应对能力的信心明显下降，感到自己对所面临的"危险"难以预测和应对。

人无论任何年龄都会有焦虑甚至恐惧的感觉，然而孩子的年龄很小，无法用语言表达出来，更可能表现出退缩、回避、哭闹等行为。

幼儿时期的孩子在有心理压力的时候往往不能顺畅地表达出来，长期积攒的压力会引发不同程度和形式的焦虑的症状，包括恐惧、强迫、社交焦虑、分离焦虑和躯体不适焦虑等明显的症状。

幼儿时期过度焦虑时，孩子的主观体验是各种怕，最常见的是怕黑，怕关灯，怕单独睡觉，有的孩子即使有父母陪伴也必须开着灯，睡着了也不能关灯。有的孩子幼儿时期怕黑，这种感觉甚至会延续到青少年时期，或者一段时间能够自己单独睡觉，之后又难以独立睡觉。

有的孩子怕高，如滑滑梯的时候高一点都会害怕，不敢尝试。家长感觉孩子胆子太小了，别的孩子都可以做到的事情自己的孩子却做不到。然而这是孩子过度焦虑的表现，这时家长如果过于强势地让孩子往下滑，那么孩子的胆子有可能更小了。

分离焦虑是幼儿时期比较常见的过度焦虑情绪，孩子到了该上幼儿园的时候，一离开父母尤其是母亲，就感到很不适，总是非常想念妈妈。有的孩子和小朋友玩着玩着就会突然担心亲人死亡，之后就哭闹着要找妈妈，拒绝离开妈妈，即使在家里的时候也总是黏着妈妈，一旦妈妈离开自己的视线就非常不安。

孩子在生理上的反应也会比较多，常常让家长以为孩子的身体出了问题，家长带孩子经常出入各大医院，令家长和孩子都身心疲惫。例如，有的孩子上了幼儿园时常会尿裤子、便秘、腹泻、恶心、拉肚子、经常肚子痛；有的孩子经常头疼；有的孩子由于经常处于紧张惊恐中，容易疲劳、睡眠不安、食欲不振等。

二、家庭养育方式不当让幼儿产生过度焦虑

我经常听到一些妈妈们把"无条件的爱"奉为圣旨，很担心自己对孩子的爱是有条件的，因此她们经常会对孩子说"无论你做了什么错事，妈妈都是爱你的"，结果适得其反，孩子在闯了祸之后就会反复地问妈妈"你是不是不爱我了？"家长经常把自己爱孩子的话挂在嘴边，在生气的时候也更容易说出"你不听话爸爸妈妈就不爱你了"这样的话，结果会造成幼儿心里非常焦虑，他们不确定爸爸妈妈会不会因为自己做错事而抛弃自己。

害怕被抛弃是幼儿时期过度焦虑的原因之一。父母对孩子的

爱要让孩子能感受到，这种感受是孩子和父母在互动中获得的。

一位妈妈，每天都亲自照顾孩子的起居，但总是忙着料理各种家务，很少陪伴孩子玩，对于孩子的呼唤经常是冷冰冰地回应"你自己玩，我很忙"。孩子生活在被拒绝中，很害怕妈妈会嫌弃他，孩子就会表现得非常黏着妈妈，妈妈一离开他的视线就害怕得哭闹。

另一位妈妈，每天只有晚上下班后和周末在家时能和孩子在一起，可是孩子在妈妈离开时，都会高兴地和妈妈再见，去幼儿园也非常顺利。这位妈妈对孩子的陪伴效率很高，和孩子在一起的时候总是高高兴兴地和孩子一起玩，让孩子非常踏实。她会在比较忙的时候和孩子商量，告诉孩子先来忙自己的事情，忙完之后就按照约定陪孩子玩。

这两个孩子感受到的妈妈的爱是不同的，父母和孩子的互动方式不同，让孩子的感受不同。前一个孩子的焦虑会不断升级，而后一个孩子也会出现焦虑的情况，但是在正常范围内。可见，家长不同的教养方式有可能会让幼儿的焦虑感过强，也有可能会让孩子战胜不必要的焦虑。

家长对于孩子的期望值很高，希望孩子从幼儿阶段就能养成非常有秩序的生活习惯，能够和别人分享，能够高度自律，能够学到更多的知识和技能。而家长高要求的同时忽略了孩子的年龄，以及孩子所能承受的压力。

在对孩子所提的要求是满足还是拒绝之间,有的父母为了培养孩子延迟满足的能力,可能会拒绝孩子提出的某些要求。对于比较听话的孩子,家长对孩子拒绝起来很容易,但很有可能越拒绝,孩子的自信心越受打击,孩子到了幼儿园也会总是处在不安的状态中。这并不是养育孩子的初心,任何养育的方法都要有一定的度,不能一味地满足孩子,不能要什么就给什么,需要学会拒绝,例如,已经有的玩具孩子还要买,那么就必须拒绝孩子的过度要求,同时要鼓励孩子学会忍耐。需要注意的是,用拒绝的方式培养孩子延迟满足的能力,这种方式不能频繁使用。

父母会担心,如果一味地满足孩子,那不就是溺爱了吗?在满足孩子一定需求的同时鼓励孩子去等待,孩子会逐渐理解有些事情不能马上去做,也不能见到什么就要什么。之所以会出现溺爱的结果,至少由两个主要因素决定,一是无限满足,二是孩子的自主意识被压制、情绪得不到控制。相反,如果对孩子的满足是有限度的,同时孩子的自主意识和情绪控制能力都得到了提升,就不会出现不良结果。

如果父母经常命令孩子、支配孩子,事无巨细地指导孩子,甚至在孩子玩的时候也不停地给予指导,那么孩子要么会变得没有主见、自卑，遇到一点困难都要问父母接下来该怎么办，不会独立思考，要么会变得非常容易烦躁、和父母对抗。

父母或长辈的过度保护，在某种程度上对孩子的限制比较多，大人做得多，孩子做得少。穿衣、穿鞋、洗漱、吃饭等都被大人承包下来了，孩子一点独立做事情的机会都没有。一方面，孩子的自我照顾能力得不到锻炼，也没有"自己的事情自己做"的意识；另一方面，孩子在面对这些事情时内心会感到"我不行""我做不了""必须有人帮我才行"。这些想法都会导致孩子情绪上的焦虑和紧张，逃避自己力所能及的事情，当自己做不到又没有人帮助自己的时候就会产生强烈的愤怒，可能会生自己的气，也可能会迁怒于家人。

如果父母采取"权威"的教养方式，幼儿出现过度焦虑的可能性就相对小一些。"权威"并非完全强势，而是和孩子之间有更多的商量、语言交流，当然有些原则性的事情还需要父母的坚持，如到了该去上幼儿园的时间就不能玩了、严肃地制止孩子打人的行为。父母陪伴幼儿的时候不过度干涉，但是在绝对错误时要能够坚定地制止，如果态度模棱两可，会在一定程度上让孩子感到不确定，孩子会还想去尝试错误的行为。

三、父母的焦虑心理会"传染"给孩子

我在工作中发现,幼儿的过度焦虑除了受父母和家庭的教养方式的影响,父母和主要照料者的焦虑程度对幼儿也起着非常大的作用。

在育儿过程中,母亲的焦虑程度对孩子的影响比较大,如果父亲陪伴孩子比较多,那么父亲的焦虑程度对孩子的影响会比较大。有的幼儿平时主要由姥姥姥爷或爷爷奶奶负责日常的照料,长辈的照料很精细,也很小心谨慎,这意味着会给孩子传递很多焦虑情绪。焦虑的父母经常会把危险的信息传递给孩子,让孩子处处小心谨慎。由于幼儿阶段孩子还太小,家长感觉孩子太弱小,生怕孩子有什么闪失,对孩子的叮嘱就会很频繁,于是幼儿在探索世界的过程中也就逐渐内化了一个概念——世界是危险的,是脏的,是有害的,离开父母和家人都是不行的,做事情就畏手畏脚,非常谨慎。

幼儿往往将焦虑情绪表述为"害怕",莫名害怕,或者遇到一点点事情就会想到非常糟糕的结果,如不小心被刺扎了一下,就害怕自己会死;手弄脏了,就担心自己会得不治之症;一个字没写好,就害怕被认为是笨蛋。非常焦虑的幼儿会显得很脆弱、胆小,容易

哭泣，而他们身后肯定有非常焦虑的父母，焦虑的代际传递是很容易出现的。母亲或父亲的过度焦虑对孩子的影响可能一部分源自遗传，更可能会通过日常的亲子互动将大量焦虑的信息传递给孩子。

那么该如何让幼儿不那么焦虑？家长能够意识到自己的焦虑是过度的，这是帮助孩子的第一步，然而这也是很艰难的一步，因为很多父母已经习惯处于焦虑急躁的状态，觉得为孩子焦虑紧张是非常有必要的，因为在他们的观念里，这种想法已经根深蒂固。

有一位母亲，曾经经历过严重的产后抑郁，通过心理治疗辅导之后发现了深埋在心底的焦虑不安，这些隐藏的焦虑使她的情绪经常波动，但不得不压抑。在疗愈的过程中，这位母亲将自己深层的没有觉察到的焦虑一点点挖掘出来并解决掉之后，她发现孩子不像以前那样胆小爱哭了，也不黏着自己了，自己和孩子都变得越来越自信了。这位母亲的自我成长意愿很强烈，能够通过自己的改变引领孩子的改变，虽然孩子也会遇到烦恼，但比之前的痛苦要少很多。

然而，不是所有家长都会像这位母亲一样有强烈的改变意愿，而更可能是在发现孩子的问题之后，不得不做出一点改变。无论主动改变还是被动改变，最终目的是使孩子的焦虑程度减轻，减少痛苦，提高孩子的情商能力。

四、过度焦虑会导致什么样的后果？

焦虑情绪对于幼儿来说是一种不舒适的感受，往往和害怕混在一起。孩子的心理成长，是在不断对抗焦虑情绪的过程中实现内心的逐渐强大。

幼儿的过度焦虑是从一般程度的焦虑演变成恐惧、退缩、逃离和各种身体不适的感觉。

对于年幼的孩子来说，怕黑是一件非常正常的事情，由于怕黑，孩子需要父母的陪伴才能入睡。随着孩子的年龄的增长，这种"黑暗"所带来的焦虑恐惧逐渐被克服。自信心比较好的孩子，到了幼儿园大班的时候能够逐渐独立睡觉而不会被黑暗吓到。

如果幼儿的一般焦虑没有处理好，而加重成为过度焦虑，就会给孩子带来多方面的困扰。过度焦虑最核心的影响是对幼儿自信心的打击，导致幼儿做什么事情都没信心。有的幼儿适应环境慢，不敢认识新的小朋友，不敢回答老师的提问，总是害怕有危险，拥有严重的分离焦虑，直到幼儿园大班也没有克服焦虑。由于幼儿行动的控制能力较低，过度焦虑会让活泼好动的幼儿在集体活动中更加难以自控，有的孩子甚至经常觉得别的小朋友对自己有敌意，因此动手打人、破坏等行为也屡见不鲜。如果压力过大，幼儿也会出现睡眠上的障碍。如果这些过度焦虑解决不好，就会引发孩子的多动、抽动、抑郁等心理疾病，也可能会严重影响孩子将来的学习状态。

如果出现过度焦虑的这些表现，就说明孩子的自信心和调控自己情绪的能力严重下降了，家长需要改变不当的养育方式，发现问题，从而进行改正，帮助孩子走出过度焦虑，刻不容缓。

2

幼儿如何适应幼儿园？

适应新环境、集体生活是孩子自信心培养的一部分，自信的幼儿更能够在幼儿园的集体生活中找到快乐。

幼儿园生活对于大多数孩子来说虽然有压力，但也是快乐的。在幼儿园里，孩子能学习到集体生活所需要的规则，也能和小朋友们一起玩耍。但是，有的孩子为上幼儿园的事每天哭哭啼啼，不断闯祸，父母也非常烦恼和头疼。孩子能在幼儿园里快快乐乐地度过每一天是每个家长的愿望，如何让孩子适应幼儿园就是一个非常重要的问题。

一、在幼儿园总是闯祸的刚刚

有一个小朋友叫刚刚，上幼儿园的第一年，由于家在外地，他错过了小班的幼儿园集体生活，到了四岁多才回到北京开始上中班。家长原本以为幼儿园错过一年没什么，但实际上刚刚上了中班之后，家长才明显感觉到孩子有很多不适应。同班的小朋友已经非常适应幼儿园的规律，遵守纪律，听从老师的指令。但是刚刚却对这些纪律一点都不懂，看到小朋友排队、午睡、做游戏、吃饭，他都觉得特别好玩，做各种怪动作吸引小朋友的注意，弄得班级经常乱糟糟的。爸爸妈妈后来不得已，只能让刚刚上半天幼儿园，在别人吃午饭和午睡的时候，他已经被接回家了。刚刚每天非常想去幼儿园，但是去了就捣乱、挨批评，老师也被他的各种捣乱行为弄得非常烦躁。时间长了，每到要去幼儿园的时候，刚刚从原来的兴奋状态，变得越来越纠结、焦虑，早上经常哭闹，不想去幼儿园。

这是一个自控力比较差的孩子，活动过度，不能安安静静地待着，睡午觉、排队对他来说是非常难以忍耐的事情，所以，他在幼儿园即使被老师批评了，也控制不住自己。刚刚在幼儿园里的各种捣乱行为是无法被接受的，但是他不明白为什么挨批评的总是自己；而老师和父母也不明白他怎么就不能好好控制一下自己，好好地遵守纪律。自信心在不断地遭受打击，不自信会让刚刚更加难以适应幼儿园的生活。

终于忍无可忍了，妈妈只好带刚刚来找我寻求一些方法。刚刚是一个很活跃的小朋友，精力十分充沛，看到教室的玩具盒子，他就很兴奋地直接冲上去，把里面的小汽车全都倒了一地，把每个小汽车都"呜~呜~呜~"地玩了一遍，然后又高兴地跑到别的教室翻腾，我和他讲话时，他只是"嗯""啊"地敷衍着，任何指令都无法进到他的耳朵里。

这是一个规则意识没有建立起来的小朋友，我行我素，他错过了小班时期大家一起学习规则的阶段，直接进入中班，新环境的小朋友、老师和各种规则对于他来说又新鲜又兴奋，行为上根本无法自控，也没有养成听从老师指令的习惯。经过一段时间的情商能力的训练，刚刚安静了许多，能够好好地说话了，再进入幼儿园的时候不再是那种慌乱的样子了，也能听老师的指令了。能够在幼儿园里遵守规则，他也自信了许多。父母在家里帮助孩子的方法由原来的训斥和惩罚，变为多陪伴孩子，父母和孩子的交流也多了。

二、每天都哭闹着不去幼儿园的梅梅

梅梅现在上中班了，是一个非常可爱乖巧的小女孩，人见人爱。但是有一件事非常令人苦恼，就是梅梅非常不愿意上幼儿园，每天早上起来就哭泣，赖在床上不愿起来，好不容易起床了却总是发脾气，总说衣服、鞋子这里不舒服，那里不舒服。每天，梅梅都要妈妈送去上幼儿园，但是过程非常艰辛，妈妈要答应每天都是第一个接她，每天要给她准备一个零食作为礼物。梅梅从小班一直到现在仍然无法轻松地适应幼儿园生活，每天都要黏着一个她特别喜欢的老师，老师去哪里都要带着她。梅梅不愿意睡午觉，别的小朋友都睡着了，可是梅梅常常躺在小床上偷偷抹眼泪，老师问她怎么了，她总是说想妈妈了。可是每天放学的时候，梅梅却是高高兴兴地第一个跑出来。通常来说，上了一年多幼儿园早就应该适应了，但是梅梅的家人却总是因她不愿意去幼儿园而非常烦恼。

可爱乖巧的梅梅不适应幼儿园的主要原因是强烈的分离焦虑导致她待在幼儿园的时候非常痛苦。分离焦虑的专业解释，是指婴幼儿因与亲人分离而引起的焦虑、不安等不愉快的情绪反应，孩子害怕和母亲或主要照料者分开，总感到分开了之后自己会很不安全，到了幼儿园经常会哭泣，即使进入幼儿园已经很久，仍然可能每天都不开心，有的孩子甚至到了大班就不愿再去幼儿园了。他们的心情在离开妈妈后就会立刻变得焦虑或低落，无心在幼儿园和小朋友玩，无心参与集体活动。

妈妈一直和家里的老人共同带孩子，白天去上班，晚上回来会陪伴孩子玩，也不知怎么了孩子就这么黏着妈妈。经过详细的访谈，我发现原来妈妈每天下班后，虽然陪在孩子身边，但是经常忙着做家务或忙手头的工作。当梅梅缠着妈妈玩过家家的时候，妈妈玩一会儿就累了，她让梅梅自己玩。而白天在家的时候，家里老人岁数大了，很少带孩子出去玩，梅梅接触的小朋友非常少，老人和孩子的交流也很少。梅梅每天要么自己玩，要么看动画片。梅梅和外界接触有限，和小朋友玩得也很少，所以，让她离开家在幼儿园里待一天，她很焦虑、恐惧，自然就会很思念妈妈。

妈妈决定最近多陪孩子玩，而不是忙着做别的事情，梅梅感觉好一些了，但是每天送她上幼儿园还是很困难，有时梅梅还会做噩梦。孩子害怕去幼儿园，分离焦虑感和家庭养育方式存在很大的关系，孩子的焦虑情绪已经达到了一定程度，妈妈也没办法彻底帮助梅梅。

梅梅的焦虑是她自己也说不清楚的，她自己何尝不想像其他小朋友那样开心地在幼儿园里玩，但是她内心深处是不自信的，仍然长时间感到不安。我给她安排了一些放松心情、增强自信的活动，一段时间后，妈妈逐渐发现梅梅早上去幼儿园的时候没那么纠结痛苦了，有时梅梅回家还能够和自己说一些幼儿园里的事情。

三、幼儿园里谨小慎微的咚咚

咚咚最近半年总是在"闹嗓子",先是感冒咳嗽,爸爸妈妈带着他去医院检查,医生说咚咚得了咽炎。治了一段时间,咚咚不咳嗽了,但是总"咳咳"地清嗓子。咚咚在家休息调理了两周,咳嗽好些了,父母把他送到幼儿园。可是去了幼儿园,咚咚清嗓子的症状更重了。家长感到非常紧张,以为咚咚在幼儿园遇到了不愉快的事,或是在幼儿园淘气被老师批评了,因为他在家的时候一刻也闲不住,嗓门大,话也多,家长非常担心他在幼儿园也这么淘气。但是幼儿园老师表示什么也没发生,咚咚在幼儿园表现很好,非常遵守纪律,还帮老师管理其他小朋友,幼儿园有展示活动都是让咚咚上台表演,他是一个非常标准的"好孩子",老师让小朋友们多向咚咚学习。老师说,咚咚如果能够开朗一些就好了,咚咚在幼儿园像个小大人,和小朋友玩也不放松,最近好像还故意躲着小朋友。

像咚咚这样在幼儿园表现好的小朋友,看起来对幼儿园适应得很好,其实咚咚的不适应是"隐性"的,表面的"好"掩盖了孩子内心的焦虑不安和不自信。咚咚在家里很闹腾,无拘无束,嗓门也大,活泼好动,但是一到幼儿园里就完全变了一个人,规规矩矩,谨小慎微，生怕老师说他。老师眼中的"好孩子"心里也是烦恼多多，心事很重，压力自然不用说了。咚咚的紧张也非常影响他和小朋友一起玩，尽管小朋友都很喜欢和他一起玩，但咚咚总觉得小朋友会嘲笑他，在幼儿园里很孤独。

家长感到很奇怪，咚咚在家"放飞自我"，但是在幼儿园怎么就变成另外一个样子了？其实咚咚是一个很不自信的孩子，家长有些疑惑，在家里的时候看不出来。不过逐渐地，家长也能意识到，咚咚其实内心还是很脆弱的，被批评他就哭闹，拼乐高的时候遇到困难就会把玩具摔了不玩了。家长和咚咚讲道理他也听着，有时候还会问妈妈"我是不是又做错了"。在幼儿园里咚咚却很收敛自己的行为，因为被爸爸妈妈说过太淘气，所以他很害怕被老师认为自己是一个淘气的孩子。他是带着多么沉重的负担去幼儿园的呀，在我帮助他消除了"我是个淘气的孩子"的错误观念之后，咚咚去幼儿园就比原来轻松多了。

四、如何帮助孩子适应幼儿园生活？

刚刚、梅梅和咚咚在幼儿园的不适应的表现都不太一样，原因也不尽相同。由于他们各自的性格特点不一样，为了能让孩子更好地适应幼儿园生活，还要根据孩子的实际情况和养育环境，做好充分的入园准备。

要帮助孩子建立规则意识，尤其是像刚刚这样活泼好动、性子又急躁的小朋友。规则意识对小朋友特别重要，但是让小朋友遵守规则又非常难。家长不要太急躁，特别是批评不要太多，尽量多认可孩子做得好的地方。例如，孩子在早上起床、午睡、吃饭、穿衣等方面能够自理，既要逐渐鼓励孩子独立去做，也要对孩子的微小进步进行认可，这样孩子听指令的信心也会增强。家长要和孩子一起玩一些简单的互动游戏，也可以在家里玩一些过家家的游戏，重现孩子在幼儿园的生活，在游戏中和孩子商量规则。

对于分离焦虑比较明显的孩子，家长就要暂时多陪伴孩子。然而，要注意在陪伴的时候不要"身在曹营心在汉"，不能陪在孩子身边却并不关心孩子。孩子需要和父母真正互动起来，和父母开心地玩起来。对于妈妈们来说，有的时候难以放下手里的工作和未完成的家务。当我给出"宁可少做些家务也要陪伴孩子玩"的建议时，妈妈们往往会有些恼怒地回怼过来："难道不做饭了吗？""难道让家里乱糟糟的吗？"父母要区分重点与次重点，很多时候父母心里有太多放不下的东西，他们把孩子的心理需求放在一边，反而会带来更多的烦恼。

对于表面看起来非常活泼开朗又懂事听话的孩子，家长需要看到孩子脆弱、敏感的一面。因为这样的孩子不愿意和别人分享他不开心、感到愤怒、受到委屈的事情，有的家长发现孩子在幼儿园受到了表扬也不愿意说出来。与咚咚性格类似的孩子往往在家里听到的大道理很多，他们也似乎很认真地去听，然而这些道理却成了束缚他们适应幼儿园生活的"条条框框"。哪些是对的，哪些是不对的，哪些是好的，哪些是不好的，他们似乎一直害怕"超出"这个标准。因此，家长在这个时期要培养孩子表达自己心情的能力，让孩子不但能够说出令自己开心的事情，也能够说出令自己不开心的事情。家长陪伴孩子的时候不要过多地指导孩子怎么做是对的，而是要经常和孩子表达自己的心情，如"你画的画我觉得特别好，我非常喜欢""昨天咱们一起玩的那个游戏特别有意思，我很开心"。

3

幼儿为何要咬指甲？

"您看看，好好的指甲已经被他啃成什么样子了？"妈妈又急又气，把小飞的双手拿给我看。

伸到我面前的小飞的小手，指甲都被啃光了，有的手指一看就是刚刚啃出了血。小飞迅速把手缩了回去，继续玩手里的魔方。在我和家长谈话的过程中，小飞玩着玩着，就不自觉地啃左手食指上的已经光秃秃的指甲，似乎不咬掉一块都不能解心头之恨。我刚要和小飞说说话分散一下他的注意力，爸爸抢先责骂起来，带着嫌弃的情绪打了一下小飞的左手。

妈妈表示，小飞从上小班开始就偶尔出现咬指甲的情况，一开始她没在意，但是到了中班的时候，有一次因不想去幼儿园被爸爸狠狠地训斥了之后，小飞咬指甲就突然频繁起来。爸爸妈妈很着急，每天都会因为咬指甲的事训斥孩子，可是小飞咬指甲的情况越来越严重，双手的指甲光秃秃的，手指上的皮也被小飞撕破出血了。妈妈也曾给小飞双手手指抹上苦药水，希望苦味能让小飞停止啃手指。有一天，幼儿园的老师问小飞妈妈，她给孩子手指上涂什么了，小飞一整天都在拼命地吸手指。说到这里，妈妈哽咽起来……

一、不当地制止幼儿咬指甲所带来的危害

像小飞这样咬指甲、吸吮手指等行为是一类不明显的自伤行为，也是在幼儿时期一种比较常见的口瘾。这类行为表现的程度轻重不一，有的幼儿偶尔出现咬指甲的行为，家长不用过多干涉，这种行为就会自行消失，这属于孩子的一种探索尝试的行为。当幼儿出现啃咬指甲的行为之后，如果干预不当，就会导致孩子啃咬指甲的行为加重，严重的时候孩子会出现指甲边缘粗糙、指甲缺失的症状，甚至出现出血、溃烂变形、甲沟发炎等症状。幼儿在咬指甲的同时还伴有其他行为问题，如强迫症状、抽动症状、撕手上和嘴唇上的死皮，甚至抠坏身体其他部位等。

有的幼儿咬指甲的情况能自行好转，而有的则会变成一种癖好，甚至会持续到成年。幼儿经常不自觉地咬指甲，不咬下来决不罢休；有的幼儿在父母的制止下，咬指甲行为反而加重，趁父母不

注意的时候偷偷地咬指甲。家长为此非常烦恼，有可能因为咬指甲的问题使亲子关系更加不好。家长想尽各种办法制止孩子的这种行为，像小飞妈妈那样给孩子手指上涂抹苦药水、训斥惩罚孩子等，不但不会让孩子停止这种行为，反而会使其加重。

咬指甲行为背后的心理压力如果持续存在或增加，那么这种持续到青春期的咬指甲行为，会在心理压力极大的时候变成自伤行为，如用刀划伤自己。到了成年，咬指甲的习惯变成了当心烦、压力大时缓解压力的一种不自觉的行为，可能会让人们暂时放松、集中注意力或分散注意力，让人们不去想令人感到紧张压抑的事情。

对于幼儿来说，咬指甲行为持续存在是心理压力过大而呈现出来的一种行为上的表现，会引起家长的反感。家长不断制止，结果使得这种行为固化下来，迁延不愈。从心理学的角度来讲，一旦一种行为习惯形成之后，停止该行为就很困难，特别是咬指甲有些"上瘾"的时候，就需要家长付出很多耐心去帮助孩子。咬指甲并非只是代表这个行为本身，还会给孩子的身心带来非常不好的影响，形成一种恶性循环。家长更需要了解孩子热衷于咬指甲背后的心理烦恼，重点是帮助孩子消除这些烦恼，缓解痛苦。

二、容易焦虑的幼儿可能会咬指甲

在遇到孩子咬指甲的情况时，家长采取的应对方式往往像小飞妈妈一样，使用各种方式来阻止孩子咬指甲，或是以为咬指甲是缺少微量元素所致，但是实际上，这反映了孩子那个时期心理处于亚健康或不健康的状态。

咬指甲只是一种表面现象而已，不只是不让孩子咬指甲就可以了。孩子的情绪和行为出现了问题，潜在的焦虑情绪很严重，原因是心理压力过重。有的孩子会伴有烦躁不安、焦虑、易怒、不愿意去幼儿园、不合群、敏感多疑等心理问题。

在正常情况下，咬指甲、吸吮手指、轻微撞头等行为会出现在婴儿期，这是因为婴儿想了解自己与其他事物之间有什么不同。随着活动范围的增加，孩子会逐渐去探索更加广阔的事物，咬指甲等行为就会基本消失。到了幼儿园阶段，孩子如果再出现这种行为，就是为了缓解各种心理压力。

从我的观察来看，有咬指甲行为的孩子的气质特点是容易焦虑不安、比较敏感，情绪情感表达困难，也有的孩子容易兴奋。

小飞是一个有些内向、心事比较重的小男孩，他小时候是姥姥姥爷带大的，虽然每天都能看见爸爸妈妈，但是他们工作太忙，很少陪伴孩子。小飞三岁上幼儿园了，姥姥姥爷回老家了，爸爸妈妈经常因为孩子的教育问题而争吵。爸爸认为，应该从小培养好习惯，他给孩子定了好多要求，除了日常吃饭穿衣的要求，还让孩子把玩具都收拾得整整齐齐，对卫生的要求也比较高，如果小飞做不到就会受到惩罚。爸爸只是假装打小飞的手，尽管打得不重，但是小飞要好好听爸爸讲道理。妈妈觉得爸爸做得太过了，毕竟孩子还太小，应该放松点。小飞面对爸爸的时候总是很紧张，不太敢说话，和妈妈在一起就放松点。有一次小飞和妈妈说："唉，真希望爸爸今天回来得晚一些。"妈妈听了哭笑不得，原来这个小家伙心里藏了这么多事情。

一开始爸爸发现小飞咬指甲的时候觉得这样太不卫生了，之后打手板就稍微重了一些，小飞吓得哭了起来，和爸爸保证不再咬了。爸爸本以为小飞因为害怕就不咬指甲了，可他发现孩子在他面前不会咬了，但是还会偷偷地咬。有一段时间妈妈发现小飞晚上躺在床上翻来覆去睡不着，不像以前那样睡得好，有几次小飞从梦中哭醒，说自己很害怕。

离开姥姥姥爷的照顾，加上幼儿园的集体环境，要求苛刻的爸爸，对于性格内向的小飞来说压力非常大。在严厉的爸爸面前，小飞努力表现得很听话，但毕竟太小，处于好动的年龄，很难达到那么高的要求。

家长很困惑，感觉孩子和手指甲有仇似的。其实是孩子内心焦虑紧张，他们在寻找各种缓解焦虑紧张的方法中找到了"咬指甲"这个方法，这可以让他们暂时忘记烦恼。例如，当爸爸给小飞不停地讲道理的时候，小飞无处可躲避，不能反抗，很害怕，只好咬指甲了，爸爸越不让咬小飞反而咬得越厉害。

很多在性格上自卑、退缩的幼儿，更容易出现咬指甲行为，持续的时间比较长。有的幼儿内向害羞，在幼儿园里没有小伙伴，经常孤孤单单的；或是和小朋友产生了矛盾，也不敢争辩，只能忍气吞声；或是到了一个新环境，有些陌生害怕；或是在感到无聊时，咬指甲能够让他们暂时忘掉烦恼。咬指甲有时会被幼儿当作一种表达愤怒的方式，当他们想做的事不被允许但又不敢争取时，或是当面对父母的指责批评，自认为不合理或者忍受不了父母的唠叨，非常生气但又无能为力时，他们就会通过咬指甲的行为表达心中的不满。

三、面对咬指甲的幼儿，家长更需要放慢脚步，减少束缚

没有哪个父母不希望孩子优秀，只是有时会过于急躁。小飞爸爸对孩子提出太高的要求，一定程度上也折射出爸爸内心的焦虑，他担心如果不从小规范孩子的行为，长大后再改正会很难。然而，对于幼儿来说，他们的心理承受能力和懂道理的程度是极其有限的，好的生活习惯的养成是需要时间的，急于求成反而会导致行为倒退。

一开始我给小飞爸爸提建议的时候他很难接受，觉得一定要从小对孩子进行严格管教才行，特别是男孩子不能太娇惯，他认为孩子咬指甲非常不卫生，是妈妈对孩子管教不严造成的。我给他讲了小飞咬指甲的行为和孩子情绪的关系之后，小飞爸爸才理解了一些。经过一段时间的调整，小飞的情绪好转了许多，咬指甲行为也没那么频繁了。尽管小飞爸爸有时候仍然会给孩子讲一些道理，但是比原来少多了，他也发现每当给孩子讲道理、讲规矩的时候，小飞的小手就伸到了嘴边开始不自觉地咬指甲。

经过几个月的情商能力培养,不仅小飞的心态好多了,爸爸也逐渐意识到自己对孩子管教得过于苛刻,爸爸也有了很大的变化。小飞家里很久没有争吵了,这也让小飞的心情放松了许多。然而,咬指甲行为一旦固化下来,停止就比较困难了。经过近一年的调整,小飞的咬指甲行为才基本消失。

4
幼儿不合群该怎么办？

相较于不愿意去幼儿园的小朋友的家长，每天都能坚持去幼儿园的小朋友的家长幸福感较高。然而，有的孩子尽管能去幼儿园，但是在园质量却不好。有的家长通过和老师的沟通才发觉，原来孩子在幼儿园里虽然大体上能够遵守规则，但是经常不合群，也没有朋友。

一、自卑游离的小Q，总是远远地看着小朋友们

在一次和老师的沟通中，妈妈才知道小Q在幼儿园太胆小了，自由活动的时候别的小朋友都在玩各种玩具和游戏，小Q却总是怯怯地坐在座位上，比较活泼的小朋友有时会主动找她玩，她才能跟随那个小朋友玩一会儿，如果有小朋友来要她的玩具，她马

上把玩具送给对方就跑开了。在老师组织的集体活动中,她也不太敢参与,非常害怕被批评,害怕自己做错事情。在小朋友中,小Q属于不活跃的,大家玩游戏,她在旁边看着,除非老师要求她才会参与。

听了老师介绍的情况,妈妈才明白为什么孩子回到家总说自己没有朋友,小朋友都不和她玩。平时小Q在小区里只和一个小朋友玩,那个孩子很活泼,小Q总是跟在她后面,让做什么就跟着做。如果小Q不按照她的意思做,就会被对方威胁:"我再也不和你玩了!"小Q很害怕失去这个朋友,于是只好乖乖地听那个孩子的安排。在那个小朋友面前,小Q一个"不"字都不敢说。妈妈感觉很生气,也心疼小Q,但是两个孩子之间的事情家长也不好插手管太多。爸爸妈妈很着急,感觉孩子越来越自卑了,他们鼓励小Q去找其他小朋友玩,但是小Q就是不乐意。可以想象到孩子在幼儿园里是多么孤单难过。

小Q是一个不自信的小朋友,不敢拒绝别人,也怕别的小朋友会拒绝她。因此,在课程中,我主要给小Q安排了提升自信心方面的内容,也进行了一些同伴交往情境中如何拒绝、表达自己想法的训练。有一次妈妈高兴地向我反馈,小Q在幼儿园里终于交到两个好朋友了,孩子每天回来都会讲幼儿园里的好玩的事情。

二、自得其乐的麦麦忘记了身边的小伙伴

　　麦麦从小就不合群，两岁时就表现得和其他小朋友不一样，别的小朋友都在小区里跑来跑去，互相追逐嬉闹，可是麦麦对这些都不感兴趣，只是在旁边的树根底下找虫子玩。上了幼儿园之后麦麦一如既往地对地上的虫子感兴趣。在做集体游戏的时候，老师总是提醒麦麦回到队伍里，要不然他就躲在角落里找虫子，对大家做的事情一点兴趣都没有。上课的时候，麦麦经常不知道"神游"到什么地方去了，东瞅瞅，西望望，嘴里还轻声地嘟囔，可是老师提问的问题他又都会。到了大班的时候，麦麦似乎好一些了，有时可以跟着小朋友跑跑跳跳，可是看起来他还是对虫子更感兴趣。老师最担心的还是麦麦的安全问题，经常排着队，走着走着，麦麦就离开队伍不知道找什么去了，老师们总是满幼儿园地找他。

　　一开始爸爸妈妈还以为麦麦就是性格内向，说话有些晚，不太合群而已，没当回事，而且每天麦麦都挺高兴地去幼儿园，就以为是孩子太小，长大一些就好了。到了大班，虽然麦麦比以前有一些进步，但是仍然不太合群，没有好朋友，回到家里也只是看那些虫子，自己倒是很开心。妈妈有些着急了，担心今后上学还是这个状

态就麻烦了。

麦麦的不合群是由于过于沉浸在自己的世界里，他和小朋友一起玩的能力比较欠缺，看起来也对和小朋友玩不感兴趣。他的兴趣爱好和其他小朋友都没有交集，他喜欢看虫子，自得其乐，对周围的事情漠不关心。对于麦麦的合群能力训练较为困难，先提升他与人的互动能力，家长配合训练，在家和麦麦做一些亲子活动。从一开始的扔球、传球，到后来的复杂一些的桌游，麦麦的互动能力有了很大的提高。我建议家长经常带麦麦找小朋友一起玩，尽量先只和一个小朋友玩。通过一段时间的训练，麦麦在幼儿园合群一些了，老师说现在不用满幼儿园找麦麦了，别的小朋友玩的时候，麦麦有时也在旁边看。

三、兴奋起来就控制不住自己的小军

幼儿园里开始集合做操了，音乐声刚响起，小朋友都在老师的带领下做动作，忽然队伍中出现了一阵混乱。原来是中一班的小军在操场上高兴得到处跑跳、哈哈大笑，老师也管不了他。小军刚转来这个幼儿园，他的到来让班里的老师都感到很头疼，他对老师的训斥一点也不往心里去，我行我素，上课调皮捣蛋，和旁边的小朋友不停地打打闹闹。午睡的时候，小军兴奋得睡不着，在床上蹦来蹦去，导致周围的小朋友都无法入睡。自从小军转到这个幼儿园后，老师就频繁找家长，投诉孩子的各种行为。回到家里父母也对小军进行各种说教和惩罚，但是都不管用。小军到了幼儿园不仅没有安静下来，反而更加兴奋了，捣乱后挨了老师批评反而会哈哈大笑，停不下来。

看着小军兴奋得过了头的样子，有时爸爸妈妈感到孩子"疯了"，可有时小军在家里玩玩具的时候会自己嘟囔"幼儿园一点都不好""在家里多好，不去幼儿园了，哼！"他的心里似乎对于去幼儿园是抵触的。在家里，小军似乎安静许多，自己搭积木的时候很专心，但是家长也不敢把他带到外面，怕他到了人多的地方就控制不住自己，到处跑，大人都追不上他。

对于小军来说，能够控制住兴奋是最大的挑战，"人来疯"让他看起来很开心，但是又给他带来了非常大的麻烦。刚开始辅导小军的时候，我和他一起玩沙盘游戏，他热衷于打架的内容，沙盘里的玩具都被打得"稀里哗啦"，他开心得哈哈大笑。几次课程疏导之后，小军可以和我一起讲故事了，他坐着和我一起互相讲故事，安静了许多，在幼儿园里也听话一些了。妈妈每天都和小军进行互相讲故事的活动，小军给妈妈讲故事的时候绘声绘色，展现了表演的天赋。

四、谁也不敢接近的暴脾气童儿

童儿在幼儿园里的暴脾气，老师和小朋友都领教过，好的时候他的嘴很甜，也会帮老师发发勺子、收拾物品等，老师非常喜欢他。但是，童儿的暴脾气不知什么时候就会被点燃，突然爆发，不仅大吵大闹，还会踢打小朋友，有时甚至连老师也不放过，发脾气的时候他根本就不害怕老师，几个老师在一起才能把他给劝开。上了大班，他又长高了一些，可是脾气一点都没改。发完脾气大闹一番之后，童儿往往表现得很后悔，会说抱歉之类的话。引发童儿暴脾气的事情往往是很小的事，如哪个小朋友碰了他一下；他让小朋友做什么事情，对方没听他的话等。到了大班，童儿的情绪更加糟糕了，老师对他的批评也越来越多。小朋友都不敢和他玩，老师也怕他发脾气，只好让小朋友离童儿远一些。

老师给家长的反馈是"童儿好的时候像个小天使，发起脾气来像个小恶魔附体了"。老师曾经很喜欢童儿，但是对于他的暴脾气实在也没什么办法。童儿的爸爸也是个暴脾气，孩子在幼儿园闯祸了，爸爸也会向他大发脾气，还打过他几次。妈妈不赞同爸爸的做法，两个人也总是吵架。爷爷奶奶对童儿很溺爱，什么事情都顺着他，把童儿照顾得很细致，童儿特别喜欢去爷爷奶奶家，但是他发脾气的时候连奶奶也打。

  童儿的情绪管理出现了很大的问题，其实孩子的内心也很痛苦。我给童儿安排的活动让他的情绪得到释放，画画的时候，我没有给他提要求，让他任意涂涂画画，于是每次他都会找来几张纸胡乱画一阵，情绪就会好一些，在家里脾气也逐渐好起来。家长配合做的工作就是夸奖童儿，因为他是极度自卑的，在家里也在训练他的自理能力，力所能及的事情要自己做。但是家长需要注意，不能着急，要让孩子一点一点做，如先让孩子独立地把衣服套上，过段时间再鼓励他系扣子，每独立系一个扣子，家长都要认可孩子。

5

幼小衔接的心理准备

花花和小光分别是一年级五班和一年级六班的学生,一天,两个孩子的妈妈在学校门口等着接孩子的时候闲聊,说起了刚上学一个月的孩子的情况。原来两个妈妈都有各自的烦恼,因为孩子在一年级的时候都出现了不同程度的不适应的情况。

花花在幼儿园的时候就是一个很乖很安静的小女孩儿,老师也没有反映过小花在幼儿园有什么不恰当的表现,但是花花却不爱去幼儿园,经常以各种理由要求待在家里。上了小学之后,第一学期,她还每天按时上学,但是到了第二学期,在上学半个月之后,花花突然说不想上学了,而且总说肚子痛,要么就是大哭大闹。父母向老师了解情况,老师表示在学校里小花很遵守规则,有几个小朋友会找她玩。

小光在幼儿园的时候虽然好动、有时坐不住,但是幼儿园老师很喜欢他。小光嘴很甜，犯了错，老师一说他，就马上认错。小光上了半年学前班，提前学点知识，没有大问题，老师也很喜欢他。那时候班级里只有不到十个孩子，老师对小光的关注还是很多的。可是上了一年级，小光高高兴兴地去上学，没几天，家长就陆续接到老师的投诉电话。一开始，小光上课总是不能像其他小朋友一样安安静静地坐好，小动作不断，还经常插话，回家总发脾气。小光每天早上起床非常困难，近几天总是迟到，又被老师批评了。

为什么花花会出现这种莫名其妙不想上学的情况呢？为什么小光的小学生活状况和以前在幼儿园、学前班的状况不一样了呢？

两位小朋友都对小学生活表现出了不同程度的不适应，这是因为入学前的心理过渡准备没做好。在幼儿园时期，花花就对幼儿园有紧张、抵触情绪，家长往往以为是孩子年龄小贪玩的缘故。然而，这种情绪没有得到舒缓，上了小学有了更大的压力之后，孩子就会对学校更加抵触，有紧张感。小光则是在遵守纪律方面还没适应，以为小学老师会像幼儿园老师那样关注他，犯了错误只要承认就好。然而小学老师没有像他期望的那样对他很关注，反而比较严厉，要求每个学生都要严格遵守纪律。

孩子升入小学，是人生重大的转折，之所以要做好幼小衔接，是因为其中涉及的不仅仅是学习，孩子在很多方面会出现"心理断层",也就是心理上的不适应。孩子要进入小学,家长不能只关注孩子认了多少字、字写得好不好看、会做多少算术题、会背多少英语单词等,还要注意孩子的心理衔接,防止入学之后"心理断层"现象的产生。

一、从幼儿园的宽松环境到小学的高度有序环境的过渡

有一部分孩子对于更换老师很有压力,对于严厉一些的老师感到害怕。孩子会感到害怕,这可能和家长、老师传递的信息有关系,也和孩子自身的心理承受能力有关。

离开在生活上照顾有加的幼儿园老师,即将面对要求严格的小学老师,孩子会有很大的压力和负担,特别是那些依赖感很强、在幼儿园阶段老师所给予的各种关注和照顾都很多的孩子。

有的孩子上了小学很久了,仍然怀念幼儿园的生活。孩子愉快而自由地度过了幼儿园时期的大部分时光,到了幼小衔接的时候难以适应加强的规则,特别是那些开始上学前班的孩子,在规则的压力下,反而会更加活跃。对于小学时期的规则强化在一定程度上是必要的,对于不同的孩子来说难度是不一样的。大多数孩子能跟上幼儿园或学前班的进度,做好入学前的心理准备,然而可能有的孩

子就需要家长特别关注了。

我认为，在幼儿园大班下学期的时候，家长就要逐渐培养孩子成为小学生的意识了，让孩子对成为小学生有一定的向往，让孩子觉得成为小学生有一种荣誉感。同时，在生活和学习上要有一定的变化，可以配合学前班的学习或幼儿园大班的一些学业上的学习，让孩子逐渐适应小学的课堂规则和学习任务。在幼儿园大班时期，家长就要观察孩子在幼儿园或者学前班的表现。像小光一样需要老师特别关注的孩子，或者像花花一样经常闹着不去幼儿园的孩子，就非常需要家长在幼小衔接时期想办法帮助孩子克服这种心理上的障碍。

花花在入学前需要进行比较系统的心理调整，核心是需要缓解过度焦虑的情绪，让她能够管理好自己的焦虑情绪。当然，妈妈的陪伴也是非常重要的，在陪伴的过程中，妈妈要不断鼓励和认可花花，否则很容易让不自信的花花难以离开家里去过集体生活。花花只有学会管理自己的焦虑情绪，才能面对进入小学之后的压力，变得愿意去学校。可能在入学初期，花花对学校还是有一定的恐惧，害怕迟到，害怕被老师批评，害怕写作业，这时家长需要进一步帮助孩子适应小学的规则、老师的态度、写作业的压力。

小光活泼好动，非常注重老师的关注和认可，一旦得不到老师的关注，他的各种行为问题就凸显出来了。小光在进入小学之前，没有培养起自主遵守规则的能力，而完全依赖于老师对他的态度。如果小光的这种心态能在入学前改变一些，那么上学之后的压力就会小得多。小光在幼小衔接时期不仅要注意学习方面的内容，更重要的是要自主地遵守学校的规定，即使没有老师的持续关注和表扬也不会心理受挫，他的适应能力也就得到了提升。

二、从每天玩耍到自觉完成学习任务的过渡

在幼儿园大班下学期，孩子在生活和学习上就要有一定的变化了，可以配合学前班或者幼儿园大班的一些课程，让孩子逐渐适应小学的课堂规则和学习任务。

完成学习任务的基础是孩子需要有一定的阅读能力。有的孩子喜欢听故事，但是不喜欢读绘本，那么家长就要陪伴孩子一起阅读绘本上的文字，让孩子对文字产生一定的兴趣。在学习拼音方面，初期很多孩子会混淆字母方向，如 b、d、p、q 等分不清楚。不要着急，随着孩子对拼音更加熟悉，区分字母方向就没那么困难了。在数学的学习上，家长需要帮助孩子完成从具体事物的计算到抽象数字的计算的转变，如将 5 个苹果加 3 个苹果总共有多少个苹果，转变成 5 加 3 等于几。这个过程有长有短，重要的是要培养孩子对

这些内容的兴趣，不要急于求成，使孩子对学习本身产生恐惧和厌恶心理。

在幼儿园生活也是一个学习的过程，从游戏式的学习过渡到以课本知识为主的抽象内容的学习，这个过渡需要在入学前完成一部分，上了一年级之后，要继续培养孩子的相关习惯。

学业本身会使幼儿对课程学习、课后作业和考试检测等产生压力，孩子心里关于学习的担心很多，担心学不会、担心回答不上问题、担心作业多、作业难，抗拒写作业，抗拒家长报的学习方面的课外辅导班，也担心作业过多而没有玩的时间。在幼小衔接过渡时期，家长要避免过度焦虑，否则会导致孩子对学习没兴趣、恐惧甚至产生厌恶情绪。如果孩子对写字、做数学题产生抵触情绪，那么可能是学习任务超出了孩子的能力范围，需要暂时减少一些学习任务。

有一个即将上小学的小朋友，妈妈对他的学习感到越来越无力了，每天逼着孩子学拼音、数字，结果孩子根本就坐不住，写了几笔就跑了。妈妈每天都因为写字的事情冲孩子大吼，孩子撕掉作业本，看着作业本就大哭大闹，孩子的这个状况让妈妈很担心，妈妈觉得孩子上不了小学。经过评估我发现，妈妈给孩子布置的学习任务量过大而且枯燥，孩子对写作业的抵触情绪很大。我建议妈妈暂时停止给孩子布置作业，疏导情绪之后，再给孩子布置少量作业。经过一个多月的密集调整，这位小朋友对学习的抵触情绪缓解了很多，也可以跟妈妈一起每天写几个拼音了。尽管妈妈还是有些担心孩子的学习，但是看到孩子的学习状态有一些好转，妈妈也就继续控制自己的焦虑情绪，耐心地辅导孩子学习。

三、从离开幼儿园熟悉的朋友到认识新朋友的过渡

离开幼儿园熟悉的环境和熟悉的小朋友，来到小学这个新的环境里认识新的朋友，孩子会有对幼儿园的依依不舍，也会有对小学生活的期待。他们心里会有一些忐忑不安，也有一些兴奋激动。然而，有一些小朋友对于认识新的同学存在恐惧心理，他们往往在幼儿园的时候就没有朋友，或者只有一两个好朋友并且对他们非常依赖，这些小朋友非常害怕失去朋友，也害怕认识新的朋友。

适应新环境、认识新的朋友对于幼小衔接阶段的孩子来说是非常重要的。同伴交往能力影响着孩子适应新环境能力的高低，在幼小衔接的能力培养中，要重视培养孩子的这个能力，否则会影响孩子适应小学生活，使其产生幼小衔接的"心理断层"。

小兰在幼儿园的时候非常乖，但有时会闹着不去幼儿园，家长

带她做过几次心理疏导，当时，通过沙盘反映了孩子对父母的一些不满，那位心理辅导老师认为家长的教育方式不对，给了家长一些建议，让他们改变对待孩子的方式。家长做了很多努力，但是小兰还是时常不想去幼儿园，父母很着急，不知该怎么做才好。尽管父母做了很多改变，可是小兰对幼儿园的焦虑没有改变。在小兰还有几个月就要上小学的时候，她突然坚决不去幼儿园了，每天早上要去幼儿园的时候就撕心裂肺地哭闹，父母非常担心小兰以后上小学了也会是这个样子。他们的担心不无道理，在给小兰做评估的时候我发现，其实她在幼儿园里是非常孤独的，只有一个好朋友飞飞，每天都追着飞飞一起玩。飞飞是一个比较霸道的小朋友，总是让小兰把玩具借给她玩，玩完也不归还给小兰，小兰又不敢和她要，飞飞还经常呵斥小兰。妈妈也经常和小兰说以后别和飞飞玩了，去找别的小朋友玩，可是小兰不愿意，她认为飞飞是她最好的朋友。半个月前，飞飞离开幼儿园去学前班了，之后小兰每天回家就抱怨在幼儿园没意思，没人和她玩。小兰不去幼儿园的一个主要原因是她的同伴交往能力非常有限，需要在同伴交往的能力上多一些提升。在入学前的两三个月里，通过情商能力的训练，小兰可以参加一些课外集体活动了，虽然有些紧张，但是爸爸妈妈看到了孩子有了很大的进步。小学开学的第一个月里，小兰表示想念飞飞，抱怨学校的小朋友都不和她玩，有过两次到了学校门口哭闹着不进校门的情况,后来班主任来了就顺利地把她接进了教室。到了第二个月,这种情况就不再发生了,小兰每天都很开心地去学校,因为她认识了两个好朋友,爸爸妈妈终于松了一口气。

在幼小衔接阶段,孩子在同伴交往上的能力不足,会使他们在适应环境上出现困难,目前这方面的能力也受到越来越多的家长的关注。同伴交往的能力对于各个年龄段的孩子都非常重要,但是对于幼儿园的孩子来说可能很容易被忽略,他们往往对去幼儿园产生抗拒,家长更关注的是孩子"去幼儿园""去学校"这些行为本身,而不是孩子在幼儿园或学校里遇到了什么困难、有哪些心理上的困难。小兰与同伴交往困难,在幼小衔接阶段需要重视这项能力的培养。

四、家长的"入学焦虑"也要平稳过渡

"不能让孩子输在起跑线上!"这句话不知点燃了多少家长焦躁的心,仿佛错过现在的各种知识的学习,孩子的将来就完了。我也认同要为孩子在入学前进行一些学业上的准备,但是家长的心态要保持平和。

有的家长焦虑情绪比孩子还明显,特别是在学习方面,例如,

孩子的字写不好、计算出错了。课外补习班从一年级就开始了，家长带着孩子奔波在各种补习班之间，非常疲惫，这样很容易让孩子产生厌学情绪，特别是当孩子在补习班里捣乱、抗拒学习的时候，家长先不要急躁。

家长要思考的是孩子的补习班是不是太多了，是否该有所取舍。如果孩子的补习班已经减少了很多，但孩子的学习状态仍然不好，写几个字都会哭闹，那么就表示孩子的心理状态已经不好了，家长需要在辅导孩子学习的方式和态度上做一些改变了。

第 3 章

小学阶段情商培养的重点

上小学的年龄是从6岁到12岁，整个小学6年的时间，看似很漫长，实际上时光匆匆，每年孩子的成长变化都很大，他们所需要完成的心理成长任务也很重要。细心的家长会感觉到，孩子是一年一个样儿，每年都会有不同的变化，有的孩子越来越懂事了，讲起话来越来越像大人，而有的孩子脾气一年比一年大，青春期的时候家长已经对孩子束手无策了。小学阶段的情商培养，能够为孩子顺利进入中学打下良好的基础。在这6年时间里，每升一个年级，孩子的情商能力也要上升一个台阶，情绪状态应该趋于稳定，应该有越来越多的信心和动力来应对不断增加的学习压力和成长压力。

1
为什么小学阶段是情商培养的关键期?

我经常听到小学生的口头禅,如"我太忙了""我没有时间""我放学之后还要去补课,没有时间玩"等,而我听到的最心酸的一句话是一个小学生说:"老师,我没有童年,我的周末都是在补课,或者在去补课的路上。"

"补课"是当代小学生课外生活的重要内容,这种现象也折射出家长的共同心理:焦虑。小学阶段,应该是培养孩子情商能力的关键时期,不应该让孩子的时间过多地集中在高强度的各种拔高的书本学习上。这个时期是孩子从认识世界到认识自己,再到认识世界的集中时期,在这个阶段,每个孩子的情商能力发展是不平衡的,需要培养和提升,为下一个阶段——中学的学习和生活打下基础。

一个小学五年级的学生,在学校几乎不听讲。这个学期情况更加严重，一上课就睡觉，课堂作业也不写。他说："我为什么要写作业呢？我都会了！""我放学还要上数学补习班、写补习班的作业。""我很累，上课就想睡觉。""我没有朋友。""除了学习我什么都不会。""我没有快乐。""除了补课、写作业，我不知道自己该干什么。"……

一个初二的学生，沉迷于手机游戏，学习成绩一落千丈。在小学时，他被管教得非常严格，电子产品一概不能碰，每天写作业时家长都在旁边看着。从五六年级开始，他就不那么听话了，但是在父母的严厉呵斥下仍然能按照要求做。上了初中之后就完全不一样了，他像换了一个人，拿着手机不放手，妈妈把他的手机夺走，他竟然要动手打妈妈……

一个小学四年级的学生，从上学开始就不喜欢写作业，一直被父母催着、训着才能写作业，在学校上课也不认真听讲，生字、单词记了多少遍都记不住，成绩好的时候七十多分，差的时候仅为二三十分，家长请了家教为他补习，他也不听。孩子越来越消沉，无论父母怎么发火，他都不动笔写字，还经常说："我就是不行。""你们都觉得我不好！""我活着还有什么意思？"……

在小学阶段，孩子的情商能力培养是非常重要的，也是非常容易被忽略的。在小学六年时间里，要对孩子的情商能力进行全面培养，这样他们才能将自己的情绪维持在一个相对积极的状态，在各种压力下，他们更能驾驭好"情绪"这架马车，而不至于让"情绪"东奔西跑，到处乱撞，或是跌落谷底，一蹶不振。

但是，众多案例给我这样一种印象，家长用"围追堵截"的方式管理孩子，期待孩子能够乖乖地听话，按照自己设计好的成长路线去行动。随着孩子年龄的增长，这种方式显然越来越不可行了，家长需要做选择，是采取更强硬的方式让孩子听话，还是改变一下对待孩子的态度，与孩子像朋友一样相处。可是到了后来，即使家长不再使用"铁手腕"了，孩子的状态还是不能进入正常的轨道中。这说明，以往的养育方式忽略了一些重要的内容，这些恰恰是孩子顺利应对学业所需要的。

如果错过小学这个关键时期，把孩子的情商能力不足的问题留到中学来解决，那么就会让孩子在应对学业的过程中难上加难。因为到了中学时期，孩子的学业压力很重，如果难以调控情绪、与同伴交往困难、有严重的畏难情绪、沉迷手机游戏，那么中学时期对于孩子来说就是沉重的负担。

儿童素质培养是当代教育的一个热点话题，我认为在各种素质中，心理素质的培养是核心，也就是本书中提到的情商能力的培养。有人说，孩子小时候的情商教育是为了让其长大后成为一个成功的人，为孩子种下成功的种子。然而，成功是什么？这恐怕是个不好回答的问题。或许你认为，成功是考上名牌大学，但名牌大学里的很多学子依然感到迷茫，甚至被抑郁症击垮。

从孩子心理发育发展的角度来说，对于孩子本人而言，最大的成功莫过于克服重重困难，成为内心强大的人，而这重重困难有的来自外界，有的来自自己。孩子在长大成人的过程中，应该能够自己为自己喝彩，而不是等待、祈求他人为自己喝彩。

好的教育，不仅仅是给孩子灌输各种书本知识，更要重视给予孩子好的情商教育，因为情商能力是孩子平衡自己、他人、环境所必需的能力。好的情商教育是根据不同孩子的个性和能力发展特点，帮助孩子解决现阶段问题的有力工具。我们需要让孩子从小学开始，就拥有一定的情绪管理、同伴相处、自我管理等方面的情商能力，让孩子从小学阶段就享受到童年生活里真正的快乐。

小学阶段是孩子情商能力培养的关键期，因为在这个时期，孩子的大脑功能已经基本完善，比幼儿园阶段的脑部功能更加健全。他们的情绪情感更为丰富，与大人之间、同伴之间的互动交流更多，也逐渐开始有了更强的自我意识。

一年级的时候，孩子需要逐渐适应学校生活；二三年级的时候，孩子从适应学校转向了学习更多知识；四年级的时候，不但学业难度增加，孩子也开始了青春期前的躁动，自我意识增强，情绪波动比较大；到了六年级，孩子已经正式迈进青春期的大门，开始关注自己和他人之间的联系，独立意识进一步增强，家长感觉孩子越来越叛逆，越来越不听话了，孩子心中的小秘密越来越多。

# 2
小学生情绪管理的能力培养

E——情绪管理的能力（Emotion management）：认识自己的情绪、理解他人的情绪；用适当的方式表达自己的情绪、能够用积极的方式处理自己的消极情绪，能够获得积极情绪及成就感，能够接纳自己的消极情绪。

在小学阶段，孩子之间的互动会随着年级的升高而逐渐加深，各种压力随之增加，孩子要处理的情绪问题会更多，不能像小时候那样随意释放情绪。

小冰是一个五年级的男孩子，性格内向，从小很听话。妈妈对小冰的要求很高，尤其是在学习方面，字迹要非常工整，写不好就要求他重新写。尽管小冰有的时候非常不愿意重新写，但是在妈妈的要求下还是会照着做。小冰很听话，学习成绩也一向很好。

但是，从四年级下学期开始，孩子的情绪逐渐烦躁起来，每天看起来就不高兴。父母本以为是孩子学习太累了，于是暑假期间带小冰出国玩了一圈，让他散散心。可是没想到，五年级上学期开始之后不久，孩子不但心情没变好，反而越来越不听话了，有时候因为学习的事情被父母训斥了几句，他就暴跳如雷。本来小冰从小非常听话，性格温顺，从来没发过脾气，从来不会哭闹着要东西。上了小学之后，小冰在学校里也表现得很乖，虽然做事情有些拖沓，但是从来不和父母顶嘴。没想到，现在孩子的情绪越来越不好，父母觉得孩子像变了一个人。

为什么曾经非常听话的小冰到了小学高年级的时候性格变化这么大？其中有一部分原因是孩子到了四五年级的时候，基本已经10岁左右，这也是孩子进入青春期的前奏。孩子的心理开始发生变化，自我意识逐渐增强，他们开始关注别人是怎么评价自己的。同时，孩子的内分泌系统也开始悄悄发生变化，因此，情绪波动会比较大，容易烦躁。和小冰情况一样的孩子非常多，在小学阶段，孩子看似无忧无虑，实际上也会遇到各种压力，也有心情不好的时候。但不是每个孩子都会积极地表达自己的情绪，他们会压抑自己的负面情绪，有的孩子情况更严重一些，以至于从外在表现上一点都看不出来，表现得比较听话，即使不情愿，也不会特别强烈地表现出来。

这种性格的孩子的情绪表达能力和调控能力不但没有机会得到提高，反而在不断压抑中受到了严重的损害。到了小学高年级的时候，正值青春期前情绪容易波动的时期，孩子的心理压力增加，承受能力减弱，负面情绪积攒太多，会控制不住自己的脾气。

培养情绪管理能力是小学阶段的一个重要内容，每个孩子都有天生的调控情绪的机制，只是有的机制是有利于健康的，如能够用语言表达自己的心情；有的机制是不利于健康的，如压抑、生闷气或者发脾气等。健康的情绪调控机制有一小部分来自孩子天生的情绪感知和表达能力，绝大部分来自外在环境的影响，如开放的养育环境、允许自由表达的家庭环境。但是事实上很多家庭是做不到这一点的，在不同程度上阻碍了孩子情绪管理能力的健康发展。也有一些孩子需要专业地"教"，才能获得一些基础的情绪感知和表达调控的能力。

一、学会认识自己的情绪，体验积极情绪和消极情绪的能力

小冰在父母的陪同下来咨询。他性格内向、听话，对父母的话言听计从，很少说出自己的想法。这样压抑的方式会让他越来越难以觉察到自己的心情，也会逃避去体验这些不良的情绪。小冰无法识别这些不良的情绪，在表达情绪方面出现了困难。小冰在父母拒

绝他的要求时，应该会生气、失望、郁闷，但是在咨询中他对这些情绪避而不谈，将其表述为"没什么""都可以""还行"。

孩子对于情绪的体验和认识的能力需要有意识地培养，对于情绪比较压抑的孩子，各种情绪的强度都不是很明显。他们将开心、生气简单地表述为"还行"，非常害怕体验到伤心、难过、生气等情绪。其实有时家长也害怕孩子哭闹或者不高兴，他们通过转移注意力来让孩子感觉不到消极情绪，久而久之，孩子内心也会形成一种认识——伤心、难过、生气等都是不好的情绪，不应该产生这些情绪，即使孩子很生气，也会表现出无所谓，或者面露微笑。

在孩子对消极情绪的回避体验中，有一种常有的情绪是焦虑情绪，比如有的孩子在家里磨磨蹭蹭，不愿意做作业，总是拖拖拉拉的。在这个过程中，他体验到的是做作业所带来的焦虑感。孩子的焦虑感源于把写作业这项任务想象得很困难或很无聊，他们体验到烦躁的感觉。很多孩子不是不具备表达情绪的能力，而是不敢表达。面对孩子的这种拖延行为，家长要明白孩子的拖延是由于焦虑、畏难情绪而产生的逃避行为，家长要在理解孩子的心情的基础上试着鼓励孩子，如"这个作业看起来太难，但是你能做好""遇到难题我们一起来解决"，鼓励的语言能减少孩子的焦虑情绪。

二、学会用正确的方式表达自己情绪的能力

　　经过一段时间的识别情绪能力的提升，小冰这个"乖"孩子终于能表达一点自己的负面情绪了，如"妈妈吼的时候我很烦""没什么高兴的事"，不再像以前那样表达不出来情绪，或者不知该如何表达情绪。后来小冰说，自己和妈妈商量写作业时间，妈妈从来不同意自己的观点，"我生气，因为她总不把我说的任何话当回事"。小冰的眼泪在眼睛里打转，低着头沉默了一阵，说："你们从来都不听我讲话！"在不断引导下，小冰才敢说出"生气"这样的情绪词汇。

　　当孩子心里有情绪表达不出来的时候，可能只能用"烦"来表达，有的孩子会发脾气、喊叫，严重的还会摔东西、和父母对打，有的孩子从小被溺爱过度，发脾气时就会打骂家人。情绪表达不顺畅的孩子，一方面心里气愤，不知如何用语言表达；另一方面，他们担心说出"生气""害怕"等词，会有不好的事情发生。

　　表达情绪，并不是指使用乱发脾气的方式，而是向身边的人表述清楚——"我是因为什么事情不高兴了？我为什么会有这样的情绪？"这样，孩子在知道自己负面情绪的来源之后，这种不好的情

绪在一定程度上得到了缓解。这就像中医所说"痛则不通，通则不痛"，孩子的情绪也是这样，负面情绪表达出来了，别人也有机会去了解他的感受和想法。

在咨询辅导的过程中，小冰已经能够表达爸爸妈妈都不听他说话的愤怒情绪了，并且当他讲给爸爸妈妈听的时候，他们也沉默了。父母之前一直以为小冰很听话，忽略了他的想法。妈妈也想起曾经小冰想买玩具，他只是嘴里念叨着，如果父母表示不能买，他也从来不哭不闹。

三、孩子要提升正确调控情绪的能力

通过压抑和逃避，小冰表现得很"乖"，但是这种情绪的调控方式不仅对自己的伤害比较大，而且别人也不会了解他的感受，只会以为他很听话，不会想着去了解他的想法和需求。正是在这样的情绪调控方式下，小冰没有机会调节自己的心情，也没有机会提升自己的情绪管理能力，家人也没机会了解他。在情商训练中，随着小冰表达情绪的能力的增强，他敢大胆地向父母表达自己的想法了。刚开始表达意愿的时候，小冰情绪有点激动，后来逐渐能够从容自然地表达自己的想法了，当然这个过程中也离不开爸爸妈妈的配合。

管理负面情绪，也就是我们所说的孩子的情绪调控能力，包括能够管理好、调控好自己的焦虑情绪，以及愤怒、悲伤的情绪，并能进行自我情绪调节。有时，负面情绪不一定能通过语言表达完全释放，还需要通过其他的方式释放，如运动、听音乐，或者是找小朋友一起聊天，适当寻求他人帮助也是一种非常重要的能力。在孩子小的时候，孩子的负面情绪往往可以通过好玩的玩具或事情来缓解，但是这是暂时的。到了四五年级的时候，孩子的情绪状态似乎就没那么容易调动起来了，他们的情绪调控能力的培养就需要家长格外关注了。

3
小学生同伴关系的能力培养

　　小静和远远是三年级的同班同学，这两个女孩子从上一年级时就是比较要好的朋友。但是，最近小静回到家里总是哭哭啼啼的，总说上学没意思，自己没朋友。小静的父母觉得很奇怪，以往小静和远远玩得很好，怎么小静突然说自己没朋友呢。老师也说小静和远远玩得很好，她们也和其他孩子玩。家长觉得很奇怪，就问小静到底发生什么事情了。

　　原来，小静虽然还算比较活泼，平时有几个同学一起玩，但是和远远关系最好，小静对远远从来都是言听计从，玩的时候总听她的。以前小静没觉得这是什么事，只要和远远一起玩就行。可是小静越来越觉得远远总是针对她，什么事情都管着她，说她笨，还经常威胁自己，表示不和自己玩了。父母觉得这不是什么大事，劝小静去找其他同学玩。远远喜欢发号施令，小静总是说自己没朋友，除了远远没人和自己玩。

　　小静虽然活泼，但是在同学面前，她很温和、友善，和小朋友玩的时候自己总是没什么主意，喜欢听别人的意见，她经常说"好吧""那行吧""随便吧""我也不知道"，偶尔有时想争取一下，别的同学一旦不同意，她很快就放弃了。远远是一个霸道的小女孩，但是小静和她玩得最好，小静要是和别人玩，远远就把小静推开，自己带着别的同学一起玩。小静的各种学具、玩具，不经小静的同意，远远就直接拿走。有时小静小声说了一句"我还想玩"，远远立刻就说"你也玩不好"，就把小静的话怼回去了。对此，小静一直是敢怒不敢言，越来越郁郁寡欢。

　　从三年级上学期开始，小静的学习成绩下降了许多，远远就经常嘲讽小静太笨了，怎么努力都不会提高了。小静对远远的做法很生气，但是也不敢和她理论，怕产生矛盾。小静总是烦躁，回家跟父母讲起和远远的矛盾，妈妈觉得翻过来调过去就是这点小事，让小静不理远远即可。小静也没心思学习，成绩提高不上去，爸爸妈妈就训斥她学习不努力，天天给她加作业，有时她写着作业就大哭起来。

　　在同伴关系中，不管是在孩子的小世界里，还是在成年人的大世界里，都会发生一些大大小小的矛盾、冲突，这些在孩子的心中都是大事情。就像小静和远远之间的矛盾，尽管在大人们心中这是一件非常小的事情，然而小静的心理压力却非常大，她无法解决这个矛盾，心情也受到了影响，甚至影响到学习成绩。

在小学阶段，孩子的同伴交往能力和同伴之间的各种矛盾问题的处理是需要家长关注的，家长既要安抚好孩子的情绪，帮助孩子想办法解决问题，又不能过于介入其中。家长应逐步引导，适当地帮助孩子解决和小伙伴之间的矛盾，理解他们的感受，提供一些解决矛盾的方法让孩子去选择，鼓励孩子面对与小伙伴相处过程中的挫折，逐渐地，孩子处理同伴矛盾的能力才能提高。

一、培养建立友谊的能力

小静虽然性格活泼，也和其他同学一起玩，但是只有远远这个自认为的好朋友，和其他同学玩成了小静最大的苦恼。在和远远的矛盾比较强烈的时候，父母也劝她多和别的同学玩，可是小静自己却无法克服困难。到了三年级的时候，小静仍然没法克服这个困难，只能自己烦恼。小静在建立友谊方面还很不自信，不敢表达自己的观点。

对于儿童来说，友谊不只是同伴之间共同玩耍，也是孩子们之间的情感连接。孩子要培养交朋友的能力，需要有相对广泛的兴趣爱好，和小朋友共同玩耍的同时，也要分享更多的话题，同时也要有和小朋友交流的信心。有的孩子上学已经很久了，还不知道同学的名字，甚至连自己座位周围的同学的名字也叫不上来。

如果是这种情况，家长就需要注意了，可以尝试以下方法：

第一，鼓励孩子和身边的同学玩，认识新朋友。先借助家长的帮助，让孩子认识几个新朋友。家长先帮助孩子认识新朋友，安排孩子与新朋友单独认识，这样孩子对结交新朋友就有了一些信心。

第二，当孩子回家讲述和好朋友之间的烦恼时，家长要尽量去理解孩子的心情，如果不知该给出什么样的建议，那么就先做一个好的倾听者。不要去否定孩子，孩子并不是小心眼，不大度，孩子世界里的矛盾虽然在大人眼里是小事一桩，但在孩子的眼里却很重要。

二、培养维持友谊的能力，在友谊中也需要保持自我

在咨询中，小静很活泼，不断给老师展示自己的各种玩具，每次来的时候也要带着自己喜爱的玩具。提起最好的朋友，虽然小静认为远远是自己最好的朋友，但是她后来能够慢慢说出对远远的

不满，小静表示，每次有不同意见时，她总要让着远远，心里其实很不舒服。她说："谁不想当主角呀？可是远远总说我不合适，她要当主角，我要是和她说'你都当了那么多次了，该轮到我了'，她就生气不理我了。"逐渐地，在这段友谊中，小静失去了自我，难以明确自己想做什么，不想做什么。小静不敢发表自己的意见，也不敢拒绝同伴的要求，总担心自己再也没朋友了。她的心情经常被远远弄得很糟糕，但又不得不对远远言听计从。"妈妈让我别那么小心眼，别在意这点小事。""妈妈让我别和远远玩了，可是我不和她玩就没朋友了。"

从小静和远远的友谊中我们看到，一个是越来越没有自我，用一味忍让的方式和朋友相处；另一个是过于以自我为中心，自我膨胀、控制欲过强，让同伴很难受，同时也对友谊失去了边界感。

对于小静这样性格上软弱一些的孩子，家长平时和孩子互动时就要注意多让孩子表达观点和意愿。例如，周末想去哪里玩，想玩哪些项目，可以让孩子发表意见，自己做决定，家长尽量尊重孩子的意愿。

家长要理解，孩子也会表面上无所谓，嘴里说"没什么"，但内心很不好受，或者会有同理心过度的情况。孩子把同伴随意拿走自己物品的事情解释为"如果不给她玩，她多难过呀""拿走就拿走吧，反正我也不怎么用"。当然，遇到这种情况，家长还是要尽量鼓励孩子去和朋友谈谈，如"这是我的玩具，我这几天还想玩，暂时不借给你了"这样表达自己的立场，采取商量的方式，如"如果你很想玩，等过几天我再借给你"。如果朋友执意不经允许就拿走玩具，孩子可以表达自己的心情，如"你这样做我很生气"。如果朋友威胁孩子"你不让我拿走这个玩具，我就再也不和你玩了"，孩子可以回答"我们是好朋友，你不应该因为一个玩具就说这样的话，我感到很伤心"等。然而，这样的话对于小静这种性格的孩子来说，需要等到她对友谊的自信心提升之后才敢表达出来。

对于像远远这样强势的小朋友来说，友谊对于她来说很容易得到，然而如果她一直这样强势地对待好朋友，肯定会逐渐失去真正的朋友。因此，家长对于这种性格的孩子也需要加以引导，让其逐渐去理解别人的感受，不再以自我为中心，学会用商量的方式来解决同伴间的一些矛盾，适当地理解自己的朋友。

因此，在这个时期，如果孩子出现完全为他人考虑而忽略自己需求的情况，或是出现完全不考虑别人的感受以自我为中心的现象，都表示同理心发展不良。前者是同理心过度，后者是同理心不足，两者都会影响孩子之间的交往，容易出现同伴关系不良的问题。

4
注意力与学习习惯的培养

A——注意与学习的能力（Attention and learning）：能够保持适当的注意力、好奇心和探索的能力，乐于学习新知识，在学习过程中能够克服困难，获得成就感。

这么简单的题做了一百遍了还是做不对！

生字、单词背了多少遍都记不住！

这么大了，已经六年级了，字还写得七扭八歪！

写作业总是拖到半夜。

不爱读书，一读书就丢字落字。

试卷总是写不完。

一上课就东张西望，小动作不断。

　　…………

　　现在很多家长觉得陪孩子写作业，心脏病都要犯了，而"别人家"的孩子学习习惯那么好，总是让人羡慕。其实许多都是学习习惯的问题，但是说教、惩罚，无法让孩子建立起好的学习习惯。特别是很多家长在教育中存在误区，如给孩子贴负面标签，大大影响了孩子良好学习习惯的养成。

一、儿童学习习惯培养的几个层次

　　孩子学习习惯的培养是儿童情商能力中的一个重要内容，学习习惯的培养要从小时候开始，家长要清楚，这是一个循序渐进又充满波折的过程。我把学习习惯的养成总结为三个层次，如果培养方式得当，孩子的学习习惯应该会沿着这个进程逐渐递进，孩子学习的主动性会逐渐增强。

　　（一）最低层次

　　最低层次是不自觉的行为，需要外部的强制力，也就是说孩子在低年级的时候需要家长去帮助其建立起这种习惯。

家长经常督促孩子到时间该写作业了，不仅不停地催促，还不断怒吼。

有的孩子写作业需要家长陪伴，没有家长陪着，孩子就没办法写作业。

孩子回到家里总是想先玩，把写作业的事情抛到九霄云外去了。

作业的质量需要家长把关才行。

在这个最低层次的培养过程中，家长需要注意的是，在督促孩子写作业时不要唠叨，每次劝一两句即可，如果孩子不听，那么可以用严厉的语气强调。切忌咆哮怒吼，如果情绪过于强烈，家长自己可能也控制不住。在小学低年级的时候，大多数孩子尚处于最低层次，还需要家长耐心引导。

（二）第二个层次

如果第一个阶段进展大致顺利，那么学习就可以进入第二个层次，也就是行为相对自觉。虽然孩子还是需要一定的督促，但是不需要过多的外部监管。这个层次往往是在经历耐心培养之后所形成的。

家长会发现，让孩子写作业不是那么费劲了。

家长以前需要不停地催促孩子，到了四五年级，孩子放学回家写作业就比较自觉了，只要催促一两遍就可以了，孩子的态度比较好。

孩子写作业时也不需要父母全程陪伴了。

作业的质量有一些提高。

家长要培养孩子独立完成作业的习惯，之后再和孩子探讨哪里有问题，哪里需要修改，也要听取孩子的意见。

（三）最高层次

最高层次就是行为自动化，不需要任何外界的督促和监管，孩子自己会制定一些目标，而且会给自己施加一些压力，这就是到了比较高的层次。

孩子回家之后不需要家长的提醒，主动去写作业。

孩子写作业的时候能够比较专注。

家长布置的作业孩子也能完成。

孩子主动与家长讨论与学习相关的问题。

孩子能够接受家长限制自己玩手机。

高年级之后，家长就逐渐需要适当放手，减少对孩子学习的监管，让孩子自己制订计划，自己独立完成。但是家长还是要起到监督和督促的作用，而且要不断鼓励孩子独立、快速、高效地完成学习任务。这个层次的学习习惯，家长都希望孩子养成，然而却不容易达到。良好的学习习惯培养的过程存在很多不和谐的因素，如亲子关系紧张、孩子情绪状态很差、孩子有各种行为问题等。

二、培养学习习惯的不同阶段

家长都希望孩子能够尽快达到学习习惯的最高层次，然而走过这条路的家长都深感不易。批评训斥很容易，耐心鼓励很困难。有耐心，说起来容易，但是做起来却困难重重，需要家长不断地修炼。

（一）开始阶段：一年级

孩子自从上了一年级之后，家长就要着手培养孩子的良好的学习习惯。一年级之初，最重要的是培养孩子对写作业的信心，家长需要相对用心地帮助孩子学习，尤其是在孩子写作业方面要有耐心。刚上一年级，很多孩子在写作业时会遇到一些困难。家长要鼓励孩子，而不是在孩子写作业时频繁挑错，让孩子反复修改。在孩子开始学习的初期，要以建立孩子学习的信心为主要任务，不要过分强调结果。

很多家长从孩子一年级开始就带孩子奔波在各种补习班之间，可能学习成绩会有所提高，然而也有一些副作用，孩子和家长对补习班的依赖心理过强，正常课堂的教学内容对孩子来说不再有吸引力，上课认真听讲的习惯难以养成。

（二）摇摆爬升阶段：二至四年级

在这一阶段，比较重要的内容是孩子专注习惯的培养。在这个阶段，孩子学习的知识难度逐渐增加。孩子有时候能主动写作业，有时候被玩具或电子产品所吸引，有时候想出去玩，不断拖延写作业的时间。一方面，家长需要认可孩子能按时写作业的举动，即使这个举动只是偶尔出现；另一方面，也要对孩子沉溺于玩耍，拖延写作业的行为进行纠正。纠正的时候一定不能全盘否定孩子，要在指正孩子的错误的同时，适当认可孩子的进步，如"你这两天作业拖得太晚了，前几天你已经进步很多了，我相信你有能力在八点前写完作业。"

在这个阶段，培养的重点是一点点强化孩子的积极行为，如按时写作业，或者拖延的时间比较短，这些都是值得强化的行为。最好的强化物就是语言认可，以及父母真诚、欣赏的态度，这些都能让孩子感到鼓舞。家长偶尔可以用物质奖励孩子，但不要太频繁，要求也不要过高。

（三）学习习惯的暂时稳定阶段：小学高年级

在小学的高年级阶段，孩子应该初步具备第二个阶段的学习习惯，能够初步意识到学习和写作业是必须完成的事情，能主动完成作业、学习任务，比之前更自觉。孩子的学习习惯是通过反复的练习逐步形成的，习惯形成了之后就会相对稳定，但也不要期望恒定，毕竟孩子的生活中会有很多诱惑，需要家长协助孩子去抵制。在这个阶段，相对好一点的孩子不需要家长过于频繁地督促或监管，已经养成良好学习习惯的孩子不需要家长或老师强制去要求，可能只是被点拨一下，孩子就会付诸行动。尤其是面对小升初的压力时，如果孩子的学习意识提高了，那么学习的主动性就会随之提高。

三、小学生的注意力培养

（一）小学生注意力受影响的表现

注意包括无意注意、有意注意和有意后注意三种。

无意注意指的是事先没有预定目的，同时不需要意志努力的注意。例如，正在上课时，门突然开了，学生会不自主地将头转向推开的门，注意力从黑板上被动地转移开了。注意力容易分散的孩子经常被周围的声音、图像、物品所吸引，注意力很难自动转回到听讲、学习、写作业上。

有意注意指的是有预定目的并且要在一定意志努力下所投入的注意力。例如，上课铃响了，学生在老师的要求下，把注意力从课间自由活动的状态收回到课程中；该写作业了，在父母的催促声中，孩子不情愿地把注意力从手机游戏中转移到作业中。写作业是一件枯燥的事情，需要孩子有意识地付出努力，不被玩具、游戏所吸引，才能把注意力投入写作业中。对于注意力不太集中的孩子来说，这个有意注意的过程就比注意力正常的孩子要艰辛一些，其更容易情绪烦躁。

有意后注意是指已经经过有意注意把注意力投入事前有预定的目标上了，之后的过程不需要意志努力的注意，转化为自动化的过程。有的孩子经过父母的督促，挣扎着开始写作业了，之后就能很投入地去写，这就是家长说的孩子开始写作业很困难，只要开始了之后就很顺利了。对于这些有意后注意能力比较强的孩子，只需要鼓励他们开始完成任务就可以了，在过程中尽量不要打扰他们。有的孩子好不容易开始写作业了，但过程很艰辛，写着写着就去玩了，还要重新把注意力拉回来，这就说明孩子的有意注意和有意后注意能力都不好，家长需要在旁边耐心地督促，鼓励他们把"跑掉"的注意力拉回来。

（二）影响小学生注意力的情绪因素

对于小学阶段的孩子来说，学习的质量离不开孩子本身的注意力水平，他们还不能很好地通过意志力来控制自己的注意力，受兴趣和情绪影响很大。他们更喜欢做轻松的、自己喜欢的事情，如玩玩具、看动画片、玩手机游戏等。这些事情都会让他们的心情愉悦，注意力也会显得很集中。情绪对于注意力的影响程度在多动症儿童中会更加明显，烦躁、愤怒、无聊的情绪都会使他们的注意力被削弱，他们不愿意付出努力来提高有意注意力，而无意注意力却显得异常活跃。

对于小学生的注意力的提升，改善情绪是一个关键的切入点。家长普遍感受到如果对孩子严厉一些，孩子的注意力就会集中一点。但这仅仅是短期效果，时间长了，尤其是孩子的年龄大了之后，孩子和父母的对抗情绪会增加，严厉已经几乎没有作用了。

在改善孩子的注意力方面，家长要关注孩子的情绪状态，想办法帮助孩子调整情绪，逐渐调动孩子的学习动机，这样才能提高孩子的有意注意的能力。

（三）注意力培养的几个误区

很多家长都意识到孩子的学习成绩和注意力有很大的关系，于是家长往往会想各种办法让孩子集中注意力，然而事与愿违，可能还会给孩子的注意力造成更大的损害。

家长需要注意以下几个误区：

（1）为提升孩子的注意力，强制孩子长时间进行学习。一方面，可能孩子已经做完家庭作业，还需要完成家长额外布置的作业；另一方面，孩子要完成补习班里的大量作业。

为了培养孩子认真写作业的习惯，家长常常陪在孩子身边，盯着孩子写，写不好就要求孩子擦了重新写，甚至撕掉作业本。实际上用这样的惩罚方法不但无法培养孩子的专注习惯，反而会对集中注意力产生不良影响。

（2）强制给孩子做过多的注意力训练来提升孩子的注意力。当训练的难度不高时，孩子看起来还能够接受，因为好玩又有成就感。但是随着难度越来越大，孩子的挫败感越来越强烈，烦躁和抵抗情绪也越来越强烈，注意力就会分散。

（3）当孩子的注意力不集中，小动作多时，家长用大声呵斥的方式来督促孩子集中注意力写作业。随着这种方法的使用频率提高，孩子就表现得无所谓了，家长的嗓门越来越洪亮，但是孩子的注意力依然不集中，写作业更加困难。

四、家长该怎样做才能培养孩子良好的学习习惯？

在孩子进入小学学习后，家长始终要明白一个规律，就是孩子良好的学习习惯的培养是一个循序渐进的过程，不能一蹴而就。也就是说，家长不能急躁，不能急于求成，而应在培养的过程中不断给孩子树立信心。

（一）家长用积极的情绪给予孩子正向的影响

长期、强烈的消极情绪会在孩子学习和写作业的过程中产生负面影响，尤其是注意力本来就不容易集中的孩子。如果写作业的时候都是"鸡飞狗跳"的场景，孩子很容易一想起写作业，就会回想起那些令人厌烦的情绪、家长的气愤而又焦躁的表情。

在孩子学习和写作业的时候，家长即使心里很着急，也不要表现得很急躁。在写作业前，家长可以和孩子聊一些轻松的话题，也可以一起探讨学习，这样能够给孩子信心。在孩子写作业的过程中，家长应尽量保持情绪平和，鼓励孩子自己独立完成作业。如果孩子需要家长陪着写作业，那么家长可以拿一本书坐在孩子旁边，不对孩子做过多的指导，更不要训斥孩子甚至引发"战争"。孩子写完作业后，家长要给孩子积极的评价，让孩子有一种完成作业后的成就感。

（二）家长的示范能带动孩子的积极行为

有的孩子经常会愤愤地说："凭什么大人就可以随便玩手机，小孩就不能？"孩子的话里折射出家长的示范作用对于孩子的影响是非常大的，特别是在使用手机上。家长需要主动减少使用手机的时间，通过实际行动让孩子珍惜学习的时间。

如果家长想让孩子少玩手机多阅读，想让孩子去读书，那么家长也要经常看书，看书是家庭成员共同的事情。家长可以和孩子共同阅读一些孩子感兴趣的书籍，并且和孩子共同讨论。

（三）逐级培养，强化进步，看到进步才能让孩子持续进步

在培养良好的行为习惯的过程中，需要从难度比较小的任务开始做，如让孩子收拾书包。在一年级的时候，可能有的孩子比较粗心，忙着和小朋友玩，自己的东西收拾不好。在家里，家长就要让孩子逐步进行收拾书包的练习。家长可以和孩子一起数一数需要准备的学具、书本都有多少，让孩子一样一样地挑出来，放进书包里。当孩子有一点点进步时，家长就需要给孩子积极的评价，也就是要认可孩子的进步。如果孩子写作业的时间比原来少用了十分钟，这种微小的进步家长也要认可，切忌一直揪着孩

子没做好的事情反复批评。

很多家长对孩子的微小进步视而不见，觉得不值一提。但是，孩子的成长离不开这些微小的进步，孩子的好习惯也是在父母的不断认可中逐渐养成的。

（四）提升孩子的注意力，家长可以做些什么

家长对孩子的注意力提升所能做的最重要的事情就是安抚好孩子的情绪，减少负面情绪，尤其是减少孩子对写作业、读书、写字这些学习内容的负面情绪。多关注孩子的情绪，如果孩子的情绪过于糟糕，那么家长就要减少给孩子的学习压力。

如果任务量比较大，家长就要把给孩子布置的任务分成小块，给孩子一种很快就能完成任务的感觉，孩子就不会产生抵触情绪，进而影响注意力。孩子的情绪积极了，注意力自然就能提升。

家长要重视孩子的户外自由活动，这样可以帮助孩子把不良情绪宣泄掉，尤其是对活泼好动的孩子来说，户外运动非常重要。

（五）情商能力的提升需要专业的力量

有些孩子抗拒学习，难以养成良好的学习习惯，这和孩子本身的注意力缺陷、阅读困难、书写困难等有关系。有的孩子一提到学习和写作业就十分抗拒，甚至拒绝写作业。这些情况都比较严重，很多家长感觉无能为力。此时，专业的情商能力提升非常重要。因为这些问题比较棘手，仅靠惩罚、打骂或平常的一些方法是很难解决的，需要从孩子的心理的角度分析学习困难的原因，有一部分原因是孩子不是不想好好学习，而是在学习上没信心，很焦虑。可以根据孩子的具体情况，用心理专业的方法提高孩子情商能力中的学习能力，包括减少僵化的学习策略、解决孩子的阅读困难问题，以及提升孩子书写、语言表达的能力。在帮助孩子解决好这些问题，减少畏难情绪之后，孩子才能逐渐养成良好的学习习惯。

5

自信心的培养，正确提升抗挫折能力

C——适当的自信心（Self-confident）：能够正确地自我评价而不是依赖他人，能够勇敢地面对挫折而不是退缩，面对困难的时候能够具备自我激励、自我成长的能力（清楚自己的弱项并且想办法改善）。

小刚上小学的时候学习成绩一直很好，又是班级干部，是家长心目中的好孩子，是那种"别人家的孩子"。同学们觉得小刚性格很好，无论遇到什么事情都是笑呵呵的，好像什么事情都不往心里去。老师也认为小刚是一个好帮手，为班级争荣誉的事情肯定都少不了小刚。小刚优秀、自信，他的爸爸妈妈在亲友面前非常有面子。然而，就是这样一个大家都认为非常自信的小刚，上初中的第一个学期，成绩越来越差，越来越自卑，走路也总是低着头，越来越消沉。两个月前他开始拒绝上学，每天都在家里躺着不出门。

父母说，其实小刚在小学四年级的时候就有些不自信了，小刚和父母说过不想当班级干部了，感觉自己做不好，总是出错。当时父母觉得小刚可能遇到了困难，想退缩，于是没有同意，让他继续坚持。在五年级的时候，小刚的成绩有些下降，父母那时还经常批评他在学习上不用心。

为什么一个曾经非常优秀、自信的孩子变成了这个样子？

自信心是一种非常重要的心理成分，自信并不是天生的，而是在孩子成长过程中一点点地逐渐建立起来的。孩子的自信心在面对困难、克服困难的过程中会逐渐增强。

孩子的自信心培养过程是一个波动的过程，当孩子觉得压力大，有些事情应对不了的时候，自信心在逐渐下降，会感到很焦虑。如果此时孩子的状态没有被发现，家长没有及时帮助孩子缓解压力，那么就可能像小刚一样变得越来越不自信。在五六年级的时候，小刚已经出现了不自信的表现，但是家长没有重视。孩子不自信的时候正是他的心理压力比较大的时候，仅靠自己的力量难以克服。当孩子感到无助时，家长应及时发现并重视起来。

一、面对困难时自信心下降：畏难情绪严重，总想逃避

小刚的父母很着急，也很不理解，为什么大家眼中的"好孩子"会变得这么颓废呢？我与他们一起回顾了小刚的成长经历，他们才意识到其实小刚很早之前就不太自信了。我和小刚聊天，他说，为了维持自己在大家心目中的"好孩子"形象，他每天小心翼翼，生怕老师和父母生气。后来大概四年级的时候，他经常感到好多事情都做不好，有一次到讲台上演讲，结果磕磕绊绊的，感觉大家都在笑话他，之后就越来越害怕上台讲话。小刚回家和父母哭诉，表示不想参加演讲比赛了，可是父母把他狠狠地批评了一顿，要求他必须参加比赛。然而，小刚没有取得名次，他感到非常没面子，在同学面前抬不起头。后来遇到这样的比赛，不管是老师要求的还是父母要求的，他都拒绝参加，如果父母严厉地批评他，他就会号啕大哭，父母给他讲多少道理都不管用。

畏难情绪在不自信的孩子中会产生非常严重的后果，孩子遇到稍微困难一点的事情就退缩，不愿去尝试，这是令家长非常苦恼的事情。孩子的畏难情绪来自他们的不自信，就像小刚一样，他没有信心，不敢参加演讲比赛，心里想到的都是自己表现不好所带来的

糟糕的结果，他最害怕别人的嘲笑，因此更不敢面对困难了。然而，如果家长只看到孩子怕困难，逃避困难，而忽略了孩子自信心下降的心理状态，那么就容易采取惩罚、指责的方式，这样孩子的自信心会严重下降。

二、人际交往中的自信心下降：害怕拒绝别人，也害怕被别人拒绝

父母说，小刚的好朋友很多，因为他在班里人缘很好。可是小刚却说自己没什么好朋友，提起好朋友的话题，他不愿多说，总是逃避。经过几次咨询之后，小刚有时会抱怨，有的同学随意拿他的东西，而且不归还，小刚心里生气，但是不敢说，怕同学认为他小气，怕选班干部时不给他投票，怕自己学习成绩不好而被同学笑话。在小刚的倾诉中，体现出他在同伴交往中的不自信，有时会因为老师布置太多任务冒出一句气话，但很快就收住了。

孩子害怕被别人拒绝，也会害怕拒绝别人，因此总是讨好别人，无论别人提什么要求都不敢说"不"，担心一旦拒绝了，对方就不喜欢自己了，会生自己的气。拒绝别人是孩子自信的表现，当孩子不自信时，会想到如果拒绝了别人就会有很多不好的后果，这是因为孩子在人际交往中过于焦虑、过度担心。

三、完成任务的过程中自信心下降：过于追求完美，害怕出错，害怕被批评

妈妈说，以前小刚的演讲特别好，无论在班级表演还是上台比赛，小刚都会非常认真地进行准备，生怕出一点错误。如果表演时一不小心有一点点瑕疵，他之后的好几天都会非常难过，会自责很长时间，父母怎么劝都不行。有一次上台演讲进行得不顺利，对小刚的打击特别大，他回来之后垂头丧气了很长时间，不愿提起这件事，也没心情练习。当时小刚说过很多次不想参加比赛了，妈妈没同意，还严厉批评了他一顿。尽管小刚在妈妈的要求下参加了比赛，但是赛前准备的过程却很艰难，小刚背不下来演讲的内容，有一丁点儿觉得不满意的地方就要从头开始，好几个小时下来，一直在练习一句话，练不好还打自己的头。那次比赛失利之后，无论妈妈和老师怎么劝，小刚都拒绝参加任何比赛。

追求完美本身并不是一件坏事，以积极的心态把任务做得完美就能体验到成就感，这个过程对于孩子来说是一种心理上的享受，在面对困难时，孩子也能够全神贯注地克服困难，心态是平和的。然而，如果过于追求完美，孩子就会非常焦虑，内心不自信，越不

自信越焦虑，注意力难以集中在所做的事情上，总在想如果做不好就会有很糟糕的后果，结果导致自己很慌张，遇到一点挫折就会感到很受挫，痛恨自己为什么做不好。小刚的自信心严重下降，导致他过于追求完美，对于这种情况，家长需要减少给孩子的压力，等孩子的自信心恢复之后再鼓励孩子面对挑战。

自信心是孩子克服困难、顺利成长的一个非常关键的心理素质。孩子在成长的过程中，有时自信心很足，但是如果压力过大，又没有足够的关注和支持，那么孩子的自信心很容易下降，甚至严重下降。因此，家长要重视孩子心理状态的变化，如果孩子畏难情绪严重，受到一点挫折就放弃，经常说"我不行"，那么就表示孩子的自信心降低了很多。这时就应适当降低对孩子的要求，减少对孩子的批评，多认可和表扬孩子。

6
自我管理能力的培养

　　M——自我管理的能力（Self-management）：随着年龄增长而逐渐增强的自控力，克服语言冲动和行为冲动的能力；逐渐具备时间管理、任务管理的能力，自行合理安排自己的各项任务、具有较好的执行能力，遵守规则。

　　有的孩子非常贪玩，不愿意踏实学习；有的孩子拿起手机就不放手，到了约定的时间还没完没了地玩；有的孩子早上赖床，晚上不睡；有的孩子一写作业就磨磨蹭蹭，拖延时间；有的孩子在学校不遵守纪律；有的孩子上课坐不住、小动作不断，等等。

　　以上这些情况是孩子自控力不足的表现。所谓"自控力"就是孩子能够根据当时情境的需要，克制住想要做某些事情的冲动。例如，写作业的时候就需要克制住想看动画片的冲动；早上上学时就要克制住想赖床的冲动；上体育课站队列时要克制住想和同学打闹玩耍的冲动……

我认为，自控力是自我管理这项能力的核心，是时间管理、任务管理、融入集体的关键，是一种自我约束的能力。

从心理成长的角度来说，自控力随着孩子年龄的增长会有不同程度的变化。一般来说，高年级孩子的自控力要比低年级孩子的自控力强一点，小学阶段的孩子的自控力在幼儿阶段的基础上有了进一步的提高，这也是大脑功能不断完善的结果。有的孩子天生自控力就比较强，有的则比较弱。孩子上小学之后，对于自控力的要求与日俱增，体现在遵守日常作息时间、遵守学校的纪律、完成作业、和小伙伴玩耍时遵守规则等方面。

自我管理能力是随着孩子的成长逐渐获得的，然而这也必然需要家长根据孩子的年龄和孩子的自身能力进行培养，不能期待孩子过早地自控，也不能过于放任，全凭孩子性子自由发展。自控力是儿童社会化过程中需要具备的能力，对于孩子的心理健康是非常重要的。一个自控力良好的孩子，可以很好地根据环境的不同、规则的需要来调节自己的情绪和行为，所以，他们能将自己的需要与他人和集体相协调，能更好地融入学校环境中，从而在学习和游戏中受到同伴和老师的欢迎。而一个自控力不强的孩子，非常容易在学业和同伴交往中受挫。

一、儿童自控力的发展

从孩子一岁左右有了语言之后，就有了听从指令的能力，这是儿童自控力的萌芽。自控力培养从早期儿童的生活节律、亲子互动的质量开始，要循序渐进地进行，既不能放任也不能拔苗助长，不能过早地给孩子提出过高或过于严厉的要求。

小学低年级的时候，在完成学业任务方面，大多数孩子需要依赖家长的指令。对于有难度的任务，如练习体育、弹琴、舞蹈等需要付出更多努力的事情，家长的督促作用就非常大了。到了小学高年级，有的家长发现孩子写作业不需要反复督促了。孩子的自控力随着年龄的增加逐渐增强，包括生活自理能力，到了小学高年级，孩子变得更加自理了。

然而，这个过程离不开家长的耐心培养。如果家长的心态过急，过于强势地控制孩子，孩子的自控力就不能得以正常发展，反而会退步。家长对孩子的行为控制一定要符合儿童的年龄特点，这样不仅能使儿童易于接受和遵从，随着孩子年龄的增加，也能使自控教育更加合理有效。

亲子之间的互动方式对于孩子自控力的发展具有重要的影响，但许多家长还没有引起足够的重视。自控力不强的孩子，亲子互动往往处于不良状态，家长需要冷静下来，找一个突破口，打破这种恶性循环。因此，当孩子的行为受到家长的严格监督和控制时，很难看出孩子真实的自控力水平。如果家长严格控制，反而会对孩子自控力的发展造成阻碍。例如，每天严格监督孩子写作业的家长会发现，孩子到了高年级，不再听从家长在学习上的建议，导致学习动力不足。

二、过早高要求地训练孩子的自控力，反而降低了孩子的自信心

有的家长认为孩子的自控力要早早地培养，于是在幼儿时期强制孩子严格遵守各项规则，甚至把孩子的时间安排得非常细致，从早上几点起床、几点吃饭到说话是否有礼貌等，无时无刻不在提醒孩子哪里做错了。有的家长强制孩子学习、写作业、上过多的补习班，孩子的学习自信心被严重打击。

家长的出发点是好的，但是已经违背了孩子心理发展的规律，也给孩子造成了过大的心理压力。有的孩子虽然会听从父母的要求，但是心里是很沮丧的，这样会增加孩子的情绪和行为问题，影响孩

子的自控力发展。有的孩子自控力会越来越差，会和父母产生强烈的对抗情绪。

三、过于依赖使用惩罚或奖励的方式来培养孩子的自控力，会事与愿违

有的家长和孩子互动的方式主要靠"吼"，或者类似于"吼"的严厉的语言，严重的会使用体罚的方式，他们认为"棍棒底下出孝子"，这些都是依赖于家长的权威作用所进行的惩罚。

如果家长一直使用惩罚的方式，例如，如果孩子在礼貌方面没有做好，就惩罚孩子抄写作业，反而使孩子在礼貌方面越来越不好。如果家长一直使用奖励的方式，孩子的注意力只会放在奖励上，而且可能还会因为是否应该得到奖励而引发争执，造成亲子间的矛盾。

四、小学阶段正确培养孩子自控力的方式

培养孩子的自控力要遵循孩子的心理发展规律，让孩子保持真实的状态，而不是像个小大人一样过于懂事，也不能让孩子的行为

过于失控。

我认为，在小学阶段给孩子多一些体验的机会是非常重要的，而不要过于看重结果。家长要学习逐渐放手，让孩子自主选择和决定，例如，对学习时间的自我规划、对学习质量的自我把握、对兴趣爱好的自主选择、对玩耍时间的自我控制，等等。

年幼的孩子往往不能完美地掌控好自己的时间，他们会把"玩"的时间放在前面，而家长的期望是把"玩"的时间放在后面，把写作业的时间放在前面。这时亲子之间就产生了强烈的矛盾，因此，在制订计划时，家长需要和孩子一起制订，可以先在家长提出的计划框架下进行，鼓励孩子去体验。例如，孩子在家长的帮助下，按照计划又快又好地完成了写作业的任务，之后就能够比较愉快地玩自己喜欢的玩具、看动画片。

在培养孩子的自控力时，如果家长过分急切，那么就会导致孩子的抵触情绪过强，自控力也很难培养起来。有时，孩子自己能控制得很好，有时又控制不好。自控不好时，家长就要和孩子好好谈谈，让孩子了解如何安排时间来写作业更好。

第 **4** 章

中学阶段的情商能力培养

有一天，老师把小如的家长叫到了学校，老师说，小如在课上偷偷玩手机，老师把手机没收了，小如气得趴在桌子上哭了一下午，大家劝她也没什么用。老师反馈孩子最近听课表现不太好，有时会趴在桌子上睡觉，作业有时也不交上来，老师让她补交作业，她态度很不好，说："我就不交，你能把我怎么样？"老师建议小如的父母回家好好和小如聊聊，督促她好好学习，按时交作业，也建议带小如去看看心理医生。

小如的父母对孩子在学校的表现也没有感到很意外，他们也发现自从上了初二，小如逐渐不那么积极地学习了，脾气也变坏了。小如不愿意和父母说话，越来越沉默。父母一和小如提起学习的事情，她就生闷气，不说话。妈妈的态度严厉时，小如就把房门锁上，不让妈妈进屋。在初一暑假的时候，小如多次央求父母给她买手机，她说，同学们都有手机，全班只有她没有手机，查资料非常不方便。父母觉得小如一向成绩还可以，从小就比较听话，但为了防止小如沉迷于手机游戏，从来都不让她碰手机。但是，父母觉得小如已经这么大了，应该有一部自己的手机了，希望有了手机之后，小如和自己的关系能够变得好一些，带着这样的愿望，父母给孩子买了一部智能手机。

拿到手机后，小如非常开心地和父母说这说那，整个暑假都捧着手机爱不释手，每天把自己关在房间里，躺在床上看手机。父母每天上班，也没怎么管小如。暑假快结束时，妈妈无意中发现小如的暑假作业还没开始写，她非常生气地训斥小如，没想到一向很听话的小如却像变了一个人，大声和妈妈争吵起来。这要是在过去，妈妈训斥几句，小如肯定就乖乖地听话了，从来不顶嘴。看到小如这个样子，妈妈非常生气，把小如的手机抢了过来，谁知小如却像疯了一样扑上来和妈妈争夺手机。后来手机还是被妈妈没收了，小如在自己房间里躺了一天没出来，饭也不吃。第二天晚上，可能是因为太饿了，小如走出房间和爸爸妈妈说想吃外卖了。后来爸爸妈妈用玩手机作为奖励，小如才勉强把暑假作业写完。

初二第一学期开学后，小如每天偷偷玩手机的时间越来越长了，落下的作业也越来越多了。小如和爸爸妈妈说，作业都写完了，可就是不让他们碰她的书包。上课的时候小如经常用书挡着手机，或者把手机放到课桌下玩。

小如的爸爸妈妈感到管教孩子越来越无力了，小时候那么乖巧的女儿，没想到上了初中之后会变成这样，怎么讲道理都不听，脾气也越来越暴躁。他们也在困惑，小如的变化到底是因为青春期的叛逆，还是因为心理出了问题？

孩子上了初中意味着正式进入了青春期，这时很多家长发现，孩子不像小学时那么好管了。孩子对父母的话感到烦躁，经常反驳父母的话，有时会发脾气，不愿意和父母说话，更愿意躲在房间里捧着手机打游戏、找人聊天，有的孩子厌学情绪严重，甚至不得不休学。

这不是说孩子不好，而是孩子在小学阶段错过了情商培养的关键时期，到了中学，学业压力顿时加大，孩子的抗挫折能力遇到了考验。青春期的孩子更加关注自己在老师和同学眼中的形象，不仅会遇到学业上的困惑，还可能和父母的关系变得越来越糟，难以适应学校的学习。

从小如的案例来看，上了中学之后，孩子和父母之间的关系越来越远，父母为孩子着急，孩子想摆脱父母的管制。此时，父母也不知道该怎样和孩子沟通交流。其中的原因是家长越来越不了解孩子，更不知道孩子心里在想什么，还像过去那样对孩子大呼小叫，呵斥孩子，直接命令孩子，罗列一大堆大道理让孩子接受……这可能是大多数父母的状态。

面对青春期教育孩子的难题，首先我们要了解孩子的心理，了解他们在想什么、想做什么。

1
中学生在想什么？

小如一直很听话，父母养育她也相对容易一些。上了初中之后，小如的变化让父母措手不及。这次因为手机的事情，她的爸爸妈妈感觉彻底崩溃了，不知该怎么办了。该讲的道理都讲了，小如就是听不进去，对爸爸妈妈讲的任何道理都置之不理。

一、中学生在想什么？

那天，爸爸妈妈带着小如一起来找我，非常着急。小如的父母介绍完情况，我见到了小如，她是一个很瘦弱的小女孩，好像没力气的样子，低着头，眼睛也不愿抬起。我和她聊了一会儿与游戏有关的话题，她的心情好一些了。接着，我们聊起了现在的状态，小如一直在叹气，很无奈。小时候，她很听话，妈妈也很严厉，不让做这个，不让做那个，她只能无奈地去参加各种补习班。其实到了小学五年级时，她已经感觉很累了，和妈妈提过不想上补习班了，但是妈妈狠狠地把她训斥了一顿，妈妈说："现在不好好学习，就考不上好的中学，考不上好的中学，就上不了好的大学，上不了好的大学，就没有好工作，没有好工作就……"

于是小如就放弃了这个念头。当时她想，学就学吧，可能父母是对自己好。在家里就是妈妈"一言堂"，小如想买东西，妈妈就是不答应。同学们都在聊游戏，小如什么都不知道。小如和妈妈提了好几次想买个手机，妈妈说对眼睛不好；小如想和同学出去玩，妈妈说那个同学成绩不好，不能跟那个同学一起玩。但是小如也知道爸爸妈妈很爱她，他们也经常夸奖她成绩很好，但是如果哪一次没考好，他们就会很生气。

小如考上了爸爸妈妈期望中的初中，他们很高兴。可是上了初一之后，小如离开了原来的好朋友，感到很孤单。初中班主任很严厉，小如很不适应，也很反感，总是怀念小学老师。小如每天回家就说老师的各种不好，有时会大哭。爸爸妈妈劝她把心思放在学习上，告诉她老师严格管理是为她好。可是小如总觉得爸爸妈妈不理解自己，每天都不高兴。

初中的学习很紧张，小如的考试成绩和小学时候相比差了很多，她感觉很难，作业太多，还要写补习班的作业，有时候熬到凌晨一点多，上课的时候就犯困。看到同学们三三两两地在一起聊天，小如总感觉融入不进去，感到自己不如别人。她觉得别的同学懂得多，学习都很好。白天她在学校不顺心，回家妈妈还批评她不好好学习，她心里很烦，不想和父母说话。有了手机之后，只有玩游戏的时候她才能感到高兴，学校的课，她一点儿也听不进去了。

从小如的表达中，我感到她渴望被理解，但是她很无助。

二、"小如"们之所以听话，并不是没想法，而是没人听

我在工作中，会遇到很多"小如"，他们小时候很听话，但是到了初中或高中之后，状态突然改变，变得叛逆、不听话了。家长觉得孩子突然发生了变化，而不知道孩子在这个年龄会遇到更多的心理上的困惑，孩子对自己和周围事物的看法变得更多了，正因如此，他们更需要表达，更需要被认可，他们想探索无法理解的事情。

孩子在小学阶段经历了比较轻松快乐的小学生活，在进入初中之际，对初中的生活有着非常多的向往和期待。这种向往和期待，既有对新知识的渴望，也有对新的学习生活的期待。然而，真实的初中生活不断给孩子增加学习压力，孩子需要学习如何面对新的

压力和新的挑战。

孩子步入初中之后，他们的自我感觉也会发生相应的变化，他们感觉自己长大了，是一个小大人了。在这个阶段，孩子认识世界的能力有了进一步的发展，很多孩子心里都有了自己的看法。虽然有的看法不是很成熟，相对片面，但是这个时期的孩子非常希望周围的人，尤其是周围的重要人物，如父母、老师能够聆听自己对某些事物的看法，希望被他们尊重。就像小如，她非常想让父母听听她的心声，但是她没有这样的机会，慢慢地，小如就对自己越来越没信心了。孩子表现得叛逆，其实是对家长不理解自己的一种反抗。

有一个初三的学生说，他非常想和父母吵一架，因为父母从来不把他的感受当回事。例如，他非常想让父母带他外出旅游，但是总被拒绝，不是父母工作太忙了，就是自己假期还要补课，父母总是推辞，表示等中考完了再说。终于中考结束了，他把出去旅游的想法和父母讲了，结果还是不行，因为弟弟、妹妹假期还要补课，当时这个学生突然暴怒，把家里的饭碗都摔碎了。

这是另外一个"小如"，他的想法不是不说，而是说和没说是一样的结果。"说了也没用"，这是情绪消沉的中学生嘴里经常说的一句话。而家长却一头雾水，"孩子有什么想法也不说""孩子好像说过，但是后来没再提，也就忘了"……这样不对等的沟通方式使家长与孩子之间产生了隔阂。

有的孩子会像小如一样沉浸在手机游戏里无法自拔，"爸爸妈妈就是不想听我说话""我有困难，他们也不想帮我""我该怎么办""我不想说了，反正说了也没用""我只有玩手机的时候才开心""想到以后，我就害怕"这些想法在他们压力逐渐增大的过程中逐渐形成。

有的孩子的情绪会突然爆发，心里一直压抑的愤怒积攒到一定程度后爆发，"你们都不会在乎我的感受""你们都认为我不重要""你们一直在推脱"，于是越想越生气。

孩子的这些想法的逐渐形成，与家长用说教的方式、强势的态度与孩子进行沟通有很大的关系。当孩子的心理压力过大时，家长就会碰壁。当家长给孩子讲有关不好好学习未来就会很糟糕的道理时，尽管家长是为了给孩子说明努力学习对于未来有多重要，但是孩子听到后，大多会躲进自己的房间"砰"的一声把门关上，甚至锁上门不让家长进去。其实，孩子是用对抗的行为表示自己对父母的反抗。

三、他们的"自我意识"在增强，"我"的概念更加强烈

小如的父母一直有一个困惑，小如曾经非常听话懂事，父母不让她玩手机，她就不玩，让她参加什么补习班她都答应，说不上喜欢上补习班，但是也不抗拒。有一段时间，小如说不想去补习班了，但是父母稍微说说，她也就不再提了。曾经这么听话的女儿，怎么上了初中之后就像变了一个人似的，浑身带刺，脾气越来越不好，父母说几句，她就顶嘴，小如觉得父母不理解自己。自从有了手机之后，小如就更加肆无忌惮了，父母说什么她都不听，胆子也越来越大，竟然把手机带到了课堂上。现在的小如连父母都快不认识了，怎么会变成这样呢？妈妈边说，边伤心地流泪。

其实，小如的变化并非偶然，而是必然。因为到了初中，孩子正式进入青春期，他们的自我意识越来越强。到了青春期，一方面，孩子的身体在成长，另一方面，他们认识世界、看待自我、看待学习的方式也发生了变化，所以，家长管教孩子的方式也要发生变化。

在这个阶段，家长更要经常与孩子沟通，了解孩子对某些学科、某些事物的看法。这个时期，孩子的思想越来越接近成年人，他们

需要解答"我是谁"的问题,而不是像小时候那样只要知道"我是谁的孩子"就可以了。因此,家长会在这个时期感受到孩子发生了很大的变化。如果在小学阶段,孩子的情商能力达到平均水平或平均水平以上,同时亲子沟通能力也相对较好,那么这个时期的孩子会表现得更加成熟,更加知道自己应该做什么,应该怎样去调整。而在小学阶段,情商能力没有得到相应培养的孩子,到了青春期,就会遇到很多困难,甚至让人感觉孩子的心理年龄产生倒退,如想玩、玩不够、脾气大、对未来没有打算、厌倦学习、厌倦上学等。家长觉得孩子很陌生,孩子和以前相比,差别太大了。就像小如一样,她曾经很听话,但是进入中学之后却越来越"不听话"。

中学生认识事物的能力有了进一步提高,在这个时期,孩子经常以"我认为这件事情非常重要""我认为你们这么要求我不对""我认为这个补习班不用参加"来表达自己的观点。有的家长在听到孩子这样讲话时,会非常生气。家长会指出孩子的想法是错误的、不切合实际的,会给孩子讲道理,孩子却十分反感,只好躲进自己的房间。

其实,对于孩子的"我认为"这样的话,家长应该感到高兴,因为这意味着孩子能够独立思考,自我意识又增强了,能够发表自己对事物的一些观点,这是一件非常值得庆幸的事情。孩子在这个时期需要进一步培养自己独立思考的能力，这对孩子未来独立生活非常重要。这说明孩子的心理是正常的，家长需要做的是改变自己和孩子的沟通方式，学会倾听。

四、他们的各种"烦"，来自内心的不确定

孩子上了中学之后，在情绪上感受最深的是"烦""好烦"，而这些"烦"的感觉有时是莫名出现的，家人一句平常的话就会引起孩子"烦"的感觉。家长很不解，孩子没什么事，为什么要"烦"呢？似乎有一种"少年不识愁滋味，为赋新词强说愁"的感觉。这种烦躁的情绪，准确来说是内心隐隐的焦虑感的外在体现，如果得不到疏解，孩子可能会更强烈地发脾气或者抑郁。

莫名的焦虑感

"我也不想总是看手机，我知道这样不好，可是不玩手机，不知怎么，我就感觉难受。"小如的这种难受的感觉来自心里的焦虑感，这种焦虑感来自很多隐性的压力，往往是日积月累的压力。

孩子上中学之后，很多小学阶段积攒的问题在青春期心理波动比较大的情况下突然显现了，有的孩子对学习没有自信；有的孩子对人际交往没有自信，没有好朋友；有的孩子极度恐惧，觉得进教

室是一件非常痛苦的事情，学习上遇到了很大的困难；有的孩子有网瘾，迷恋手机游戏，每天花费大量的时间在玩游戏上，没有信心融入集体，在生活中可能也没有太多的业余爱好。很多原因都会让孩子感到莫名的"烦"，也就是焦虑。

对未来的迷茫感

"现在不好好学习，就考不上好的中学，考不上好的中学，就上不了好的大学，上不了好大学，就没有好工作，没有好工作就……"关于学习是为了什么，未来会怎么样，小如很迷茫。她知道，父母让她好好学习是为了她的将来好，可她不知道好好学习是为了什么，"难道学习就是为了找到好工作吗？""可是我对学习一点兴趣都没有，我还有什么未来呀！"

小如的这种关于学习的认知逻辑大家可能觉得非常熟悉，很多家长会用这个逻辑"激励"孩子好好学习。孩子上了中学之后，开始对自己的未来有了深入思考，如果家长用这样的方式去强调学习成绩和学习结果，孩子的焦虑感会比小学阶段强很多。就像小如一样，中学阶段孩子的自我意识增强，他们对自己未来要做什么也会有隐隐的焦虑和不确定，这种焦虑会让孩子逃避现实，特别是在学习成绩不理想、学业压力太大时，他们就会像小如一样沉迷手机游戏或网络聊天。

对自我的焦虑

"你有很多优点呀,为什么这么不自信呢?""我哪有什么优点呀,我觉得自己很差,学习不如别人,也没有朋友,爸爸妈妈、老师、同学都视我如空气,肯定是因为我很差劲!"小如苦笑着,眼圈红红的,看得出眼泪强忍着没流出来,她说:"要不他们怎么会让我来见心理医生,他们肯定认为我有病。"

孩子在回答"我是谁"这个问题的过程中,心里会对自己有很多疑惑,会更多地和别人比较,例如,我能做什么,我不如别人,但是我很想超过别人;我无法在学习成绩上占优势,就说明我很差劲;我什么都做不好;同学们不喜欢我。中学阶段,孩子更注重外表了,更加关注别人对自己的看法。这也是孩子在这个阶段一个非常大的心理变化,他们开始关注别人是怎么看自己的,尤其是非常在意异性的眼光。到了中学阶段,人际交往变成了一个非常重要的内容。与小学阶段那种简单的友谊不一样,他们需要更深入地交流思想。

在这个时期,孩子会逐渐形成相对比较稳定的自我评价。也有很多孩子像小如一样,在这个过程中逐渐形成了强烈的自我否定,他们对自己的评价更多的是"我不行",而不是"我还不错"。

来自学习的焦虑感

"上小学的时候,我的成绩还可以,在学习方面,我感觉很有优越感,同学们有什么不会的问题都会来找我。可是上了初一我发现,比我成绩好的同学太多了,就拿我同桌来说,每次考试他的成绩都比我高几十分。我怎么都赶不上他们的成绩。"提到学习成绩,小如很沮丧:"我学习不好,怎么努力都比不过别人!"

孩子到了中学之后,知道学习是非常重要的,学习是学生阶段非常重要的内容,孩子对考试成绩会比较在意。所以,在这个阶段家长不要过分强调成绩不好会给孩子造成的消极影响。这种"消极未来"的教育理念会让不自信的孩子对自己的未来更加没有信心,造成内心强烈的恐慌。

在中学阶段,很多学生会对考试焦虑。尤其是那些对成绩比较在意,关注自己有没有考好、有没有成为佼佼者的学生,他们比较容易出现考试方面的焦虑。还有的孩子学习成绩中等,他们学习非常努力,这样的孩子很担心自己的成绩会掉下来,然后给自己非常大的压力。考试焦虑的孩子,在考试之前,尤其是大考之前,会失眠、心慌、坐立不安、烦躁、难以集中注意力。考试时,孩子经常把自己非常熟悉的题做错,有的孩子会大脑空白、频繁上厕所,等等。

2
家长与青春期孩子沟通是需要学习的

很多家长和小如的父母有同样的感受，孩子大了，和父母之间没什么话可说。家长理解不了孩子的话题，孩子也不喜欢家长的唠叨和大道理。于是孩子就和家长越来越疏远，家长也越来越不了解自己的孩子。父母和孩子之间的沟通方式，是家长一直要学习的。

家长与青春期孩子沟通的方式需要由自上而下的沟通方式转变为建立在相互尊重的基础上的平等沟通：争吵—争论—讨论—平等商量。

经过一段时间的心理辅导，小如的心情好多了，能够自信一些了。同时，小如的父母也逐渐理解了她的表现，不再总是否定和拒绝小如，能认真聆听小如在说些什么，也试着和小如一起玩手机上的游戏。尽管他们没学会怎么玩，但是小如心情好的时候还会主动邀请爸爸一起玩或者观战。他们觉得和孩子的关系越来越近了，有时妈妈提醒小如该写作业了，没多久小如也就把手机放下去写作业了。妈妈表示，很多次自己都想把手机从小如的手里夺过来，狠狠地批评小如一顿，但是最终忍住了，克制了急躁的情绪。

当孩子的对抗情绪严重时，父母会伤心难过，觉得为孩子付出这么多，却得不到孩子的理解。然而，从孩子的角度来讲，其对父母仍然是非常依恋的，当亲子关系从对抗走向和平时，大家会发现孩子对待父母的心情和父母对待孩子的心情是一致的，双方都害怕失去。

所以，在这个阶段，家长除了需要学习理解孩子，还要学习如何与青春期的孩子沟通。

一、家长学会"听"孩子的话

"我们之前从来没意识到小如对我们有这么多不满，以前总以为她只要听话，学习好就行，从来没想到孩子心里这么难受。"妈妈说，"现在我们会注意和孩子说话的方式，虽然我有时候还是忍不住说她几句，但已经不像以前那么絮叨了。""最近我总陪着小如，聊得也很多，以前我觉得这孩子挺内向的，没什么自己的想法，我们也有错误的观念，总觉得有闲心聊天不如多学知识。其实不是，我和孩子吃饭的时候聊天，有时候她能和我聊一个小时也不想停。我们这段时间说的话相当于过去一年里说的话。有时候我要给她讲些道理，她就反感不吱声了，我想算了，那些道理都讲过多少遍了。"小如的爸爸说："我也总认为孩子小，很多道理要早些知道，避免以后长大了到社会上栽跟头。她很小的时候我就给她讲道理，可是孩子也不听，前一阵她总是玩手机，经常不听我们的话。我告诉她，不听大人的话早晚要吃亏。后来，我说什么她都听不进去了。"

在小如进行调整的同时，她的父母也逐渐意识到和孩子沟通的重要性。他们之前和孩子的沟通方式是他们说，孩子听，但是对于青春期的孩子来说，这种沟通方式肯定达不到预期的效果，反而会增加亲子之间的矛盾。小如的父母从一开始的愤怒、生气、不理解，逐渐变为能够跟着孩子一起改变了。

孩子上了中学之后，心理活动发生了很多变化，尤其是认知能力会比之前有很大的提高。所以，这个阶段的孩子比较愿意心平气和地沟通，而且这种沟通是建立在自己被尊重、理解的基础上的。父母和小如一起进行调整之后，父母才发觉之前的教育方式有很多不对的地方，让孩子的自信心遭受了很大的打击。

孩子上了中学之后，家长逐渐发现用强制的方式来约束孩子，效果越来越差，也就是在这个时期，家长能帮助孩子的方法越来越少。而在这些有限的方法里，可以帮助孩子的就是有效的沟通了。家长可以像小如的妈妈一样，利用吃饭的时间或外出游玩的时间，多听听孩子讲的话，有时家里的一些事情的决策，也要让孩子发表一下自己的观点。

二、用鼓励认可取代批评指责

小如妈妈接着说："您让我们多夸奖她，可是她现在大了，我们夸奖的话她也不信，还说你们别那么假了。"爸爸说："你平时总训她，对她那么凶，现在夸奖她，她怎么会信呢？""那我现在不也在改吗！"妈妈无奈地说，"以前总怕她骄傲自满，怕夸多了她会承受不了批评，所以平时确实夸得很少。现在她心情好多了，可以看出有时候夸她的时候，她会偷偷笑。早知道这样，以前就不那么对她了。"

很多家长都会有小如妈妈这样的误区，觉得夸奖多了会让孩子骄傲自满，听不进去建议，也有的家长忍不住去批评孩子，孩子有一点点问题就受不了，不停地唠叨。用这样的方式对待青春期的孩子，会让他们很抵触，情绪变差。家长的初衷都是为了让孩子变得更好，所以，一定要表达出对孩子的认可，孩子在建立自信心的过程中很大程度上依赖父母的认可。

　　对于青春期孩子的认可和夸奖不能像小时候那样简单，而需要父母发自内心地欣赏，关注孩子的良好表现，是指关注在不考虑孩子的学习成绩的情况下孩子的优秀表现。例如，孩子发表的关于某件事情的看法，孩子的作息时间有了一点改变，孩子帮家里做了一点家务，孩子在学习上有一点进步，都要认可。总之，这个时期的孩子，父母需要把他们当成大孩子一样看待，尽管他们还不能独立。

三、谈理想，重视孩子的选择

　　"我们也没想让小如以后做什么大事业，就希望她好好学习，考上好大学，就怕她不努力学习。在她小时候我们的确也说过不好好学习，以后就可能去捡破烂之类的话，但那只是开玩笑，没想到她会往心里去。"小如的父母苦笑着说，"我们也和她解释了这个事情，其实我们就是希望她将来开心快乐就好。我们现在也想开了，不那么纠结孩子的成绩了，我们和她说了，考不好也没关系，现在对她的成绩没什么要求。可是有时候我们看她玩手机，真的很着急，为什么她就不能把心思用在学习上呢？"

家长希望孩子好好学习，有一个美好的未来，孩子何尝不想有这样的未来呢？过于关注眼前的学习，往往会把家长和孩子困住，孩子也看不到自己的未来在哪里。

家长首先要思考一下期望未来孩子是什么样子，是希望他们将来成为名人，是希望他们做科学家，是想让他们成为企业家，还是希望他们从事政治、金融等工作，家长需要尊重孩子的兴趣，和孩子共同商量。

当然，无论家长如何设计孩子的未来，人生毕竟是属于孩子自己的，需要孩子参与未来的设计。

有的学生在上了大学之后，发现专业不是他喜欢的。很多学生过去从来没考虑过要学什么专业，只想着要取得好成绩，考进有名的大学，而对自己想学什么专业，想从事什么工作却是在上了大学之后才考虑的，或者在高考完报志愿时才去思考这个关键的问题。而上了大学之后，学生才发现越来越不喜欢目前的专业，对未来感到非常迷茫。

家长应该和孩子一起讨论，鼓励孩子去思考和规划自己未来要学习的专业、要从事的工作，家长在发表自己的观点时不要强制孩子接受，也不要否定孩子对未来的设想和期望，而是要尊重孩子的选择，去了解孩子。

也许有时候孩子的观点并不"稳定"，孩子今天说想选择这个职业，明天说想选择那个职业，家长不要着急否定。因为孩子也不了解，家长对其他专业的认识可能也是片面的，家长可以和孩子一起去探索。有了一定的未来目标，孩子学习起来才可能有动力。所以，在孩子到了青春期之后，家长可以适当地与孩子探讨一下未来。但要注意的是，在谈到未来的时候，功利心不能太强，不能说现在不好好学习，以后就只能去做一些糟糕的工作之类的话，不要以孩子的未来要挟其现在好好学习，而是要从孩子的喜好出发去探讨他们的未来。

四、谈情绪，关心孩子的心情

在谈起对父母的感受时，小如说："爸爸总是板着脸，感觉好像我犯了什么大错一样。妈妈和我提起学习，她总是皱着眉头，我想她肯定对我的成绩不满意，所以我总是想考得再好些，多上补习班，妈妈可能就高兴了。"她说着做出一副紧皱眉头的样子，"后来我上中学了，就不想再看妈妈的脸色了，反正我怎么做，她都不开心。"妈妈说，自己是个急性子，看到孩子不着急就会生气，而爸爸的工作很忙，平时话不多，下班回到家要么很少和孩子聊天，要么就是给小如讲讲道理，小如就听着，也不吱声。

孩子不了解父母的负面情绪来自哪里，家长也往往会忽略孩子的心情。就像小如，她一直在猜测父母的心情，而且总认为是自己做得不好，她为此非常紧张害怕。为什么她在小学的时候能够承受这些，到了中学就承受不住了呢？到了中学后，孩子会有更多的困扰，会遇到人际压力、学习方面的困难，和父母之间的争吵都会让他们不愉快的情绪变得强烈，持续时间比较长。

因此，孩子到了青春期之后，亲子之间的情感交流需要更多一些。家长可以和孩子多表达一下自己的心情，例如，爸爸可以多表达一下今天工作太忙了，很疲惫，但是能和孩子聊聊天，就会高兴一些；妈妈可以尝试多笑一笑，当孩子成绩不理想的时候，可以表达一下有些遗憾，和孩子一起找找原因，相信孩子自己会努力。

五、和孩子共同面对困难

小如的妈妈说："现在小如回家非常喜欢和我聊天，有时候也跟着爸爸一起玩会儿游戏。我们商量好了，让小如平时少玩一会儿手机，周末做完作业可以多玩一会儿。孩子现在开心多了，我们的交流也多起来了。以前她有什么话都不说，现在她说了，我们才知道她会遇到很多烦心事。我们总以为她还是一个孩子，除了把成绩弄好，没什么可烦的。现在我们才知道她虽然不怎么说，但是心事很重,在学校里,她时常会有烦心的事情,特别是同学之间,她经常感觉同学们比自己强。以前她偶尔也说过这种话,但我们都没放在心上,认为这点小事不算什么。现在我会听她说,有时也给她出出主意,有了办法,她也想去试试。"说到这里,妈妈露出了笑容。

经过一系列的心理辅导后,小如更愿意表达了,也放松了许多,爸爸妈妈也更了解她了。当家长和孩子一起共同面对困难,而不是把孩子推开让他们自己独立解决的时候,家长和孩子的关系会更近一些。

在和孩子共同面对困难时,家长要知道,孩子并非只是向父母寻求方法,他们更需要的是父母和自己一起面对困难、一起商量。这样孩子就不会那么不安,心里会感到很踏实。家长和孩子一起想办法也是在帮助孩子一点点面对问题,寻找解决困难的办法。

3
中学生的厌学情绪和厌学行为

　　小杭上小学的时候就间断地闹着不想上学，但是爸爸一说要揍他，他就乖乖地去上学了。现在小杭是初三的学生，可已经有一个月没上学了。上了初中之后，小杭每个学期都要找各种理由在家休息几天，由于爸爸在外地工作，只有周末才能回来，妈妈拿小杭也没什么办法，怎么催促都不听。那时候小杭一般在家里待上一两天，玩玩电脑，看会手机，吃点零食，不过等爸爸回来了，他很害怕，就自动去上学了。

　　但是这次小杭在家里连续待了三天，妈妈想反正过个周末，等爸爸回来了，小杭周一肯定能自己去上学。可是到了周一该上学的时间，小杭躺在床上仍然不起来。先是妈妈进房间叫他起床，他蒙着被子一动不动，妈妈说："你休息了好几天了，该起来上学了。"妈妈怎么也叫不动他，就让爸爸来劝他。一开始爸爸还好言好语地劝他，小杭仍不动弹，爸爸也急了起来，控制不住自己，冲他吼了起来。小杭这才慢吞吞地起来，可是后来坐在床边又不动了，低声嘟囔着"我不去"。爸爸一听这话就更气了，狠狠地打了小杭一巴掌，没想到这次小杭一反常态，突然冲上去推爸爸，力气很大，把爸爸推了一个趔趄，差点摔倒。妈妈看着个头和爸爸一样高的小杭感到情况非常不妙，而且儿子眼睛瞪得很大，她从来没看到小杭有这样的眼神，赶紧过去把爸爸劝出了房间，回头又去劝小杭。看着小杭还气鼓鼓地站在原地，妈妈劝小杭再休息一天，第二天一定要上学，小杭又回到床上躺着去了。

爸爸批评妈妈："你就继续惯着他吧，从小就这么惯着，现在都什么样了！"爸爸虽然这么说，可他心里明白，孩子今天这个样子并不是简简单单地惯着的原因，他们并不娇惯孩子，反而对小杭很严格。可是没想到，小杭竟然会和爸爸动手。

后来爸爸去上班了，等到中午，小杭自己就起床了，玩会儿电脑和手机，也吃了一些东西。晚上妈妈下班回来后看小杭心情还行，就问小杭今天怎么那么对爸爸，他说："爸爸总是这么凶我！"妈妈说："爸爸都是为了你好呀！"小杭点点头，知道自己错了，也答应第二天好好去上学。

可是没想到，到了第二天早上，小杭依旧不起床，妈妈多叫他几次，他竟然发起脾气来。妈妈问他到底为什么不去上学，他说太困了，想再睡一会。后来妈妈不得不向老师继续请假。

小杭在家里看起来还算平静，起来在手机上看一会儿小说，在电脑上玩一会儿电竞游戏，但就是不打开书包，一点书也不看。妈妈很着急，可是一说他，他就烦躁，冲妈妈大喊大叫，躲进屋子里不出来。等他心情好了再出来，也不像以前那样爱说话了，看起来不那么开心。妈妈很着急，一方面，到初三了，眼看要中考了，他不上学可怎么办呢？另一方面，她担心爸爸回来训斥孩子，再把他惹急了，激动起来就不好了。到目前为止，小杭一个月没上学了，爸爸很生气，妈妈劝他到外面走走再回来，这样能防止父子俩真的动手打起来。

曾经的小杭可是家里的话痨，每天回家都爱不停地讲他那些游戏，家人经常嫌烦，让他闭嘴。小杭看起来挺聪明的，平时不怎么努力，作业写得很潦草，也经常出错，不愿意做简单题，难度大的题却做得很快，考试的时候经常能超常发挥，所以成绩在中上水平。从上初二开始，小杭的成绩下滑了很多，尤其是语文和数学成绩下降得最明显，其他科目由于他不喜欢背，成绩也就在60～70分这个水平。上了初三后，小杭的成绩一路下滑，好几门课都不及格。老师经常说小杭："你很聪明，就是不努力！""你努力一些，肯定成绩会很不错。"小时候小杭因为不认真、不努力学习的事情爸爸没少训斥他，可是已经被说太多次了，他表现出一副满不在乎的样子。

看到小杭的故事，大家脑海里肯定浮现出"厌学"这个词，这几乎是家长和老师最为头疼的事情，而这种情况在中学阶段的孩子中很容易发生。

根据我对中学生的心理辅导的经验，厌学可以大致分为厌学情绪和厌学行为。厌学情绪是指学生对学习的厌烦、抵触的情绪，其实只是对学习本身没兴趣，也没有信心，也有的是对学校的集体环境不适应、反感的情绪。厌学行为是指孩子真的拒绝去上学，从行动上已经非常抗拒了。小杭就是这样的一个例子，他已经长大了，能够直接用行动反抗父母了，于是就出现了待在家里不去上学的情况。由厌学情绪逐渐过渡到厌学行为对于有的孩子来说是一个必然，因为家长没有对孩子的心理健康足够重视，只是觉得单纯地让孩子走进学校就好，这样就能让孩子学习到知识、不脱离人群。然而，当孩子真的拒绝去学校时，他们才被"最后一根稻草"压倒了。当孩子已经拒绝去学校的时候，家长才不得不接受孩子心理出现了问题这个现实。

一、孩子为什么会厌学？

小杭说："我每天去上学非常痛苦，尤其是坐在教室里，老师讲的，我根本听不懂，还总得装作很认真的样子。妈妈总说要中考了，这个样子怎么能考上高中呀！我很烦，也着急，可我有什么办法呀！天天这么耗着，也不知什么时候是个头儿。本来我以为数学成绩还不错，可是这次考试竟然刚刚及格，其他科目的成绩就别提了。我每天在学校里胸口就像压了一块大石头一样。前几天在上数学课的时候，不知怎么就突然感到心跳得特别厉害，这种感觉在以前有过几次，这次感觉特别难受，我也知道身体肯定没问题，但太难受了。以前关系好的同学，每天在一起就说中考的事，我不想听，他们每个人都能把心思放在学习上，我却不能，一看到书、习题就烦，感觉什么都看不懂。我在家里待着就好多了，虽然我也知道不去上学也应该继续学习，可看到书包怎么都不想打开。父母觉得我原来不这样，怎么突然就变了？我的学习状态很久之前就这样了，只不过怕他们说我，我就假装在学习。他们都以为我想玩手机，其实这和玩手机没什么关系。记得小学五六年级的时候，我也遇到过这种情况，我想让妈妈找个心理医生给我看看，可是妈妈没当回事，说没什么必要，她觉得我没问题。这次我很难受，可是我也不想提找心理医生的事儿，一是觉得妈妈还是会觉得没什么必要，爸爸会说我就是不想学习，二是我的这个情况，可能心理医生也没什么办法，在家里休息休息，我感觉会好一些。"

家长最想不明白也是最揪心的问题：小杭怎么就不去上学了呢？学生不就应该去上学吗？

当孩子拒绝去上学时，家长非常焦急，会尝试各种让孩子去上学的方法。最后发现，孩子即便去了学校，心也没在学校。

从小杭的表述里我们可以看到，其实他不上学的根本原因是他已经失去了学习的信心，无法继续承受学习跟不上别人的压力，尽管这样的压力对于其他同学来说都很正常，但是小杭已经没办法承受了。在学校时情绪压抑、焦虑，而这种焦虑紧张的情绪让他感觉自己无能为力。

家长觉得小杭的变化很突然，其实他在很久之前自信心就下降了，但是没有引起家长的重视，家长只看到孩子成绩一直在下降而着急训斥。实际上小杭的学习成绩下降是心态出现问题的一个信号，如果家长能重视孩子的心理健康并且及时让孩子进行调整，小杭的学习状况可能会逐渐好转。

家长之所以带他来看心理医生，是因为发现他的情绪在上了初三之后变得急躁了。爸爸有两次因为成绩下降批评了他，结果这个男孩子就大声吼叫着，表示不学了，当时爸爸意识到孩子的心理状态不太好。经过一段时间的心理辅导后，这个男孩不再那么焦虑烦躁，对自己的认可度增加了，于是他在学习上也努力多了，在中考中取得了不错的成绩，考上了理想的高中。

同样的年纪，不同的结果！

孩子出现不上学的情况，家长肯定会认为是孩子不愿意学习，不愿意去上学，往往会认为孩子不上进，不努力，把很多负面的标签贴到孩子身上。家长其实是想让孩子打起精神好好学习，然而单靠训斥、讲道理、惩罚等强制方式，不但不会让孩子状态好起来，反而会使他们产生更加强烈的焦虑感和无力感。有的孩子学习成绩不好，不愿意去上学，但是从交谈中，我发现其实孩子的内心深处是想让学习成绩变好的，只是这种愿望和他目前的情绪状态不相匹配。

每个孩子内心都渴望成绩好，即使厌学的孩子也不例外。如果孩子的情绪不好，他们对待学习肯定是力不从心的，他们什么道理都懂，但是想做好，又做不到，感觉很矛盾，直至最后放弃。如果能在孩子刚有厌学情绪时就帮助孩子，那么就会及时扭转孩子的不良状态，防止厌学情绪变为厌学行为。

二、并非真的厌恶学习，而是没有信心面对更加繁重的学习任务

提起小杭的学习，爸爸气不打一处来："他就是懒，他以前写作业，字七扭八歪，现在更懒了，干脆不写了！从小我就跟他说，对待学习要认真，态度要端正！说了这么多年了，都没用！"爸爸气得把头扭了过去，深深地叹了口气。

妈妈接着说："他从小学习就不主动，写字特别费劲，不愿意写作业这是常事。他就喜欢写数学作业，可能是好写，最不愿意写语文作业。到了初中之后，哪科作业写得都费劲。因为写作业的事，学校老师没少找过我们，让我们好好管管孩子。老师以为平时我们都不管孩子，这真不是我们不管呀。爸爸打过他，我也冲他吼，根本没用！可您说这孩子特奇怪，每次考试，成绩还可以，虽然算不上上等，但成绩一般都在中等偏上这个水平。我们也给他报了不少补习班，每次报补习班都征得他同意，他都答应，去了补习班也不是特别认真地听，补习班的作业一个也不写。每天看他笑嘻嘻的，怎么说都不往心里去的样子，真是让人非常生气！"

可以看出，父母为了培养小杭的学习习惯费了不少心思，但是

一直用的是打压的方式，并没有让孩子真正"走心"，反而孩子可能会觉得无所谓。小杭看似没往心里去，实际上他很逃避写作业，因为总觉得困难。写作业遇到了困难，家长的打压方式使小杭产生了比较反感的情绪，他没耐心也没有信心去认真地写作业，再加上写字困难，让他更加逃避。其实逃避的根本原因是他没有信心去面对困难、解决问题。

小杭之所以考试成绩还不错可能是得益于在学校和补习班重复学习，他逐渐形成了上课不认真听的习惯，觉得作业不写也没关系，反正考试的结果都会差不多。

与很多孩子交流时，我发现孩子不知道为了什么去学习，他们会感到疑惑：为什么要写作业？在孩子的疑惑中还有愤怒，这种愤怒并非全部针对作业，也有对自己无法高效完成作业的一种愤怒。

我和小杭聊起作业的事，他就苦恼得直拍脑门："哎呀，写作业太折磨人了，我爸我妈都快被我气死了。我记得小时候没少因为写作业的事挨打。可是我也不知道怎么回事，一写作业就着急，作业太多了。特别是（上了初中之后）语文作业要写那么多字，作文我知道该怎么写，可是写着写着就觉得太累了，一点儿都不想再继续了。还有政治、生物、历史作业，要不停地写字，太烦了。我爸说我懒，我的确是这样，真的不想写字，一点也不想写。我写的字歪歪扭扭的,自己都不想看。"小杭苦笑着说:"我觉得就不应该有写作业这个事儿,全世界的学生都讨厌写作业。"

我说:"你的学习成绩以前一直还不错,尽管你不怎么写作业。"小杭撇撇嘴角说:"我也不知道怎么一考试成绩都还行,可能是我上补习班的关系吧,反正在学校上课边听边玩,有好多东西都是补习班学过了的,不过那都是小学的事情了。中学之后上了补习班好像也不管用了,以前我对新的知识点还挺感兴趣的,有时候也会听一听,不知怎么越来越听不懂了。我妈说我就是因为不写作业,知识得不到巩固,落下的内容越来越多。我想我妈说的也有道理,可是就是不想写作业。我知道这样也不好,但是也没办法呀。以前我对数学有信心,总能拿高分。从初二开始成绩就一路下滑,我的心都凉了。"小杭低下头:"有时候我觉得,是不是自己的未来就完了呢?"

从小杭的表述中我们可以看到,写作业困难的问题一直没有得到解决。虽然小杭对写作业表现出一副毫不在乎的样子,但是内心他是非常焦虑不安的。到了中学,学习的科目增加许多,完不成作业,知识得不到巩固,新知识学习起来越来越难。尽管小杭很聪明,但是他也没有信心来应对这种状况,从而对学习逐渐失去了信心。小杭在小学阶段需要克服写作业困难、上课不专心听讲的问题,但是由于家长采取的是打压式的方式而不是鼓励的方式,因此，在遇到学业上的挫折时，小杭一下子就对自己失望了，认为自己即使继续努力也没什么希望了。

三、孩子对学校规则和纪律的对抗

聊起学校和老师，小杭也有很多话要说："说起学校，真是让人无语，各种规定、限制，我好烦。就说穿校服的事儿，校服那么难看，所以我就不穿校服，被教务老师抓住了几次，很烦，不过有时也混过去了。老师上课讲的内容也很无聊，特别是语文课，我们几个同学就给老师捣乱。"小杭笑笑，有些小得意："老师罚我们到走廊里站着，我不是被罚得最多的。"

我问："被罚站感受不好呀，那后来你们收手了吗？"

"反正上课也不想听，老师讲得太无聊！我上数学课就不给老师添麻烦，我还挺喜欢学数学的，以前总得100分，哈哈，当然是假的。数学越来越难了，好多都听不懂，很烦。听不懂我就趴在桌子上睡觉，被数学老师训了，我觉得数学也没什么意思了。作业写不写都一样，我总不交作业，老师找过几次家长，也没用，我就是不写，凭什么要写作业呢？后来老师也不跟我要作业了。我那几个好朋友，他们也都不想写作业，不过他们怕父母，被逼着写作业。

可是我不怕我爸妈，他们除了吼叫，或者是打我一顿——说明一下，那不是打我，也就是拍我两下，也没什么别的办法。班里有两个不交作业的，我是其中一个（些许的得意），另外一个是长期请病假的，他不用写作业！呵呵，您说有意思吧！"

看来小杭对学校的各种规章制度有很多不满和怨言，大部分孩子对于现实的不满情绪需要家长的引导，这些不满情绪往往能够逐渐缓解。自我调节能力欠佳的孩子，可能是平时父母的约束过多，不能很快从这些抱怨中走出来。小杭的自我调节能力比较差，无法很好地适应学校的各种规定，这也和他无法解决学习上的不适应问题有很大的关系。

由于小杭在学校各方面的信心都在降低，因此他更想通过挑战规则来获得别人的关注，也在挑战规则时获得一点点的喜悦感和成就感，而对于他真正需要面对的学习任务却无法正视。对于这种情况，其实小杭内心深处需要有人能够理解他，帮助他，而不是只看到他糟糕的成绩。父母往往会简单地以为孩子处在青春期，叛逆不听话，教训教训就会好。然而，小杭的情况远远超出了青春期叛逆的范畴，他心中已经有了一个难以逾越的障碍。实际上小杭是非常矛盾的，他想得到关注和认可，又无法自控，想学习好，自己却使不上劲儿。

四、孩子在学校的环境里找不到自信

"老师，我以前挺自信的，但是现在完全不自信了，我都痛恨我自己，怎么变成这样了呢？可能以后我就是这样了！"小杭垂下了头低声说道："其实我很痛苦，但是也不能和爸爸妈妈说，说了也没用！"小杭不自主地把手里的纸戳得粉碎。"到了初三，我那几个朋友，不知怎么突然变得安静了，我找他们玩，他们都说快中考了，得学习了。下课的时候也不像以前那样聊天了，他们都在七嘴八舌地讨论中考的事，讨论想考哪个高中。我听他们说这些就觉得无聊，至于中考的事我从来都没想过。我爸妈从我上初一的时候就整天在我耳边唠叨中考、中考，烦死了！现在可好，我都没办法上学了，考上好的高中是没戏了！"小杭继续搓手中的纸团，"同学们都不想理我了，我成绩不好，老师也不会喜欢学习成绩不好的学生，我去学校还有什么意思呢？我去了只会让所有人都讨厌我！"

上了初三之后，小杭在学校的感受更加糟糕，并不是周围的人变了，而是小杭的内心更加自卑了，对什么事情都没信心。

上了中学之后，孩子的自信心主要来自三个方面，一是对自己的评价，二是同伴的评价，三是对学业成绩的自我评价，小杭在这几个方面的自我评价都很低。初三的时候大家都逐渐进入了紧张的学习状态，可是小杭的学习状态却无法按实际需要进行调整，从而陷入深深的恐惧不安的情绪中。

孩子内心存在恐惧，恐惧同学的目光，害怕同学的评价，因为到了青春期之后，孩子会比小学阶段更加在意自身的外表、同学的评价，在意自己在别人眼中是什么样的，害怕别人不好的评价，害怕同学在背后议论自己，孩子很容易陷入紧张抑郁的情绪中，因此，在学校时会有很多躯体症状。

还有的孩子兴趣爱好与其他同学不一样，虽然很想融入同学中，但是与其他同学没有共同语言，对别人的话比较敏感，很难融入集体。人际关系的紧张会给中学生带来很大的内心压力和恐惧。所以，有的时候孩子的表现是拒绝去上学，我们称为厌学行为。但实际上更准确的说法是，孩子"恐学校"。

厌学的孩子往往是在赞美声中或众人羡慕的目光中成长起来的。例如，一个孩子在小学阶段非常出众，成绩也好，是老师和家长心目中的好学生，是同学学习的榜样。在赞美声中成长起来的孩子，往往内心的抗挫折能力会差一些，因为会更在意结果而忽略了过程。上了中学之后要去面对新的同学，孩子以往的光环没有了，心理落差较大，所以会产生逐渐强烈的厌学情绪。如果孩子曾经是佼佼者，到了中学阶段，家长就要关注孩子换了新环境之后学习、交友等方面的适应情况。

五、沉迷于手机而厌学，还是厌学而沉迷于手机？

我问小杭对手机的看法，他感到很无奈："我爸妈总说是我太沉迷于手机了，可是，除了看手机，我也不知道该做什么。以前，我还在上学的时候，觉得玩手机还很有意思，现在看手机会觉得无聊，只是看着，什么也不想。"

我问："你能出去打打球吗？"

小杭摇了摇头："我看到什么都是烦的。那天在家里，我拍了两下篮球，感觉非常无聊。其实有段时间，我确实很沉迷于几个手机游戏，和同学联网打游戏很高兴。我记得有几次晚上十一点假装睡觉，等到十二点多，估计爸妈都睡着了，我就起来接着打游戏，他们一直都不知道。"

我接着问："现在你还打游戏吗？"

"有的游戏偶尔玩，也没什么意思了，和同学一起玩才有意思！可是放学后同学不知怎么都突然联系不到了，可能手机都被没收了，都好好学习去了!"小杭苦笑着说,"不玩游戏的时候,我就看视频,看看网络小说,打发时间。"

小杭玩手机游戏其实也是和同学建立友谊的一种方式,他喜欢和同学一起玩游戏,并非沉迷于游戏。但是离开手机游戏,由于同学都忙于学习,小杭逐渐感到失落和孤独。

在控制手机的问题上,家长就要采用不同的策略和态度。手机、手机里的游戏并不是"洪水猛兽",家长不能总是采取厌恶、坚决反对的态度,因为手机对于大多数孩子来说已经是他们的一部分了。家长何尝不是这种情况呢?现在这个社会,谁离开手机都会有一种"六神无主"的感觉,中学生也逐渐追随着这个时代的潮流,手机成为自己的一部分。家长对待手机的态度,就是对待孩子的态度,孩子的心里往往会这样想。

如果一个孩子在外界找不到自身的价值,找不到更多的乐趣和成就感,那么他们就很容易沉迷于手机,可能会对手机游戏的高等级有成就感,也可能像小杭那样无聊至极打发时间,也有的沉迷于手机聊天。还有的孩子小学时手机一直被严格控制,等到上了中学之后,家长看到孩子的状态不好就给孩子买了手机,但是孩子对手机没有自控力,家长也就无法管住孩子的手机了。

六、转变相处方式：家长，停止急躁！

父母都希望孩子能够在学业上表现优异，在未来的人生旅途上能够有所成就。然而，要实现这样的期望，需要孩子在小学阶段能够完成一些能力的培养训练，如自信，有一些积极的兴趣爱好，有一定程度的抗挫折能力、一定程度的自控力、时间管理能力、建立友谊和处理同伴矛盾的能力等。

尤其是对于自控力、抗挫折能力不太强的孩子来说，小学阶段需要家长耐心培养孩子的自控力。小时候写作业对于小杭来说是一个不可逾越的鸿沟，而父母的养育方式是不断挑孩子的错误，这让小杭写作业的兴趣和自信心下降。这些能力的缺失造成小杭无法适应中学的学习任务。

中学生一旦产生厌学行为，抗拒去学校，帮助他们回归学校将会是一个非常艰难的过程。这相当于在情商能力上，孩子落下的"课程"已经很多了，需要用一段时间来"补课"。

错过了孩子的小学时期的情商能力培养，到了中学阶段，家长就要特别注意孩子的情绪变化，帮助孩子稳定情绪。孩子容易发脾气、生闷气、使用手机的时间变长、越来越沉默等，都需要家长引起重视，家长可以试着耐心温和地和孩子沟通。如果孩子逐渐表示对学习厌倦、不愿学习甚至像小杭这样不愿意写作业，更需要引起重视，这个时候孩子需要心理上的专业帮助。

当然，家长在这个时期管理好自己的情绪，也是帮助孩子缓解厌学情绪的方法之一。在小学阶段，可能家长用一句话、一句呵斥或一声咆哮，就能让孩子马上乖乖地放下手机去写作业。而这样的方式对于中学阶段的孩子来说，会让孩子的厌学情绪更加严重，直至产生厌学行为。

对于中学阶段的孩子来说，家长平复好情绪，耐心地和孩子沟通是非常重要的，尤其是对于已经有厌学情绪的孩子，家长心平气和地面对孩子，才可能帮助孩子走出来。帮助不愿意学习或拒绝去上学的孩子，家长首先要做的就是增进沟通，改善亲子关系，尤其是不要用强制性的语气命令孩子。

有的孩子的情绪和脾气在这个阶段会变差，甚至干脆就不理父母了，这样的话家长就很难去了解孩子真实的想法和感受。

所以，家长在这个时候要学习一些与孩子和平交流的方法，改变说话的语气。有的家长会感到很困难，很多时候家长会跟我抱怨："哎呀，我已经习惯于以前那种跟孩子说话的方式了，我的脾气就这样，我实在是改不了。"但是如果家长都改不了，怎么能期待孩子改变呢？

"我的说话语气从来都是这样""我改不了"。困难是有的，但是家长可以尝试着多和孩子心平气和地交流，经常练习，语气也会变得自然。很多家长不得不在帮助孩子解决厌学问题的过程中被动地改变自己，孩子逐渐发现家长的脾气变得比以前好了，几乎不怒吼了，这一点孩子是能够感受到的。

前面讲过亲子沟通过程中倾听很重要，孩子上中学后，倾听就显得尤为重要了，因为这个时候的孩子更希望别人能够接纳自己的观点，虽然有的观点可能比较幼稚，不太成熟，但是他希望能够有一个倾听者。很多家庭亲子关系不好，就是因为家长不愿意了解孩子的观点，觉得孩子说的都是错的，结果就是孩子什么话都不和家长说，故意躲着父母。

在孩子上了中学之后，家长应逐渐改变和孩子的沟通方式，倾听孩子的表达，不要随意否定，偶尔给一点建议，这样就可以逐渐把亲子关系带入良性循环中。

第 5 章

阿斯伯格综合征儿童的情商培养

阿斯伯格综合征的名字是为了纪念阿斯伯格医生在20世纪40年代发现了这样一类轻度自闭的孩子，他们有自闭症的特点，但在很多方面不同于传统意义上的"自闭症"，因为他们的智力水平可能是正常水平或超过正常水平，他们渴望友谊，但是在人际交往中存在不同程度的困难。他们大多能够正常入学，但是又有很多地方和同龄孩子不太一样。阿斯伯格医生为后人开辟了一条新的道路，为后来的专业人士帮助这样一群孩子奠定了基础。这些孩子属于自闭症谱系障碍中比较轻的一部分，比较接近正常儿童的能力，但仍存在不足。

一般来说，人们听到"自闭症"这个词就会感到很可怕，对孩子的未来感到非常悲观。有的家长为此辞掉了工作，全职为孩子进行训练；也有的家长会寄希望于孩子休学在家，晚一两年上学；也有的孩子接受大量的单调机械的训练项目，然而对于提升社会适应能力没有太多作用。而对于阿斯伯格综合征儿童来说，他们更需要的是适应环境，进行人际交往，逐渐拥有独立生活的能力。

因此，我们要从社会化的角度来理解这些孩子，从情商能力发展的不同水平来帮助他们调整心理状态，让他们顺利地融入集体和社会，在适合的岗位上发挥各自的聪明才智。

1
阿斯伯格综合征儿童有哪些特别之处？

有一种观点认为阿斯伯格综合征儿童都是有独特天赋的，家长只要发现和重点培养这些天赋就可以了，而家长更希望自己的孩子能像同龄孩子一样正常地生活。事实上，对于阿斯伯格综合征儿童，仅仅发现他们的天赋是不够的，有的家长发现了孩子的一些独特的优势，如音乐、数学优势等，但是由于孩子无法融入集体、经常感到孤独、克制不了自己的暴躁情绪，他们容易陷入心理痛苦中，甚至无法完成学业，家长也会被孩子折磨得疲惫不堪。

在很多情况下，家长能够发觉孩子的与众不同，有的家长以为孩子长大就好了；有的孩子虽然被带到医院进行诊断，但是诊断完之后，很多家长得到的建议是回家买相关的阿斯伯格综合征的书籍来看，至于用什么方法能够帮助孩子，就得靠家长自己摸索了。目前看来，对阿斯伯格综合征的干预从单纯的医疗角度暂时没有切实有效的方法。当然，家长看书给孩子进行训练肯定是不可行的。孩子受损的情商能力需要得到有效提升，他们才能更好地融入社会，聪明才智才能得以发挥。

我认为不应该把阿斯伯格综合征归为病症的范畴，它更像一系列性格的特点。只不过这些特点非常容易使孩子遭遇心理上的压力，使孩子容易患上心理疾病。这些孩子需要早一些进行情商能力的提升训练，将性格上的弱项，也就是情商能力提升上去，让他们抵抗心理疾病的能力增强，同时他们也能更好地完成学业、走向社会、独立生活。

一、"小卡，你到底怎么了？"

小卡的出生让一家人都很欢喜，爷爷奶奶特意从老家赶来看孙子，高兴得合不拢嘴。

可是有一件事情让全家人都感到有些着急，就是小卡一直不怎么说话。两岁半左右，小卡才开始学会叫"爸爸"，之前无论家人怎么教他说话，他都不开口。当时小卡的妈妈很着急，爷爷奶奶却说没关系，不用着急，小卡的爸爸也是到了两岁多才开始说话的，"男孩说话都晚，没关系的，长长就好了"。于是他们就等着小卡长大。终于小卡会说话了，可是他说起话来文绉绉的，而且好像都是从动画片里学到的，他如果想要什么东西，就直接拽住别人的手去拿。上幼儿园之前他看见小朋友就躲开，从来不和小朋友玩。

上幼儿园之后，小卡不爱去幼儿园，但是只要进入幼儿园也就正常了。小卡在幼儿园不惹事，总是自己玩；大家玩的时候，他就躲在角落里看着大家笑，从来不主动参与。小卡好像对小朋友没有什么兴趣，在小区里别的小朋友一起玩闹，家人让他也过去一起玩，但是往往他站了一会儿，就跑到草丛里看虫子，一看就是很久。老师反馈，小卡不合群，其他的也没说什么，于是家长也没往心里去，小卡在家就这样自己安静地玩，也不会要求家长陪着玩。那时家长觉得小卡很让人省心。

上小学之后就没那么顺利了，一年级刚开始时，小卡还比较安静，除了写作业有些慢，其他还好。可是过了两个月，小卡写作业更慢了，写一会儿就停下来，看着本子发呆，等妈妈督促了再写一点。妈妈每天都会因为他写作业太慢而发火。课堂作业写起来很慢，老师让他快点写，他看着老师半天才能慢慢地开始写，而此时其他同学都已经写完了。下课了，小卡也不和同学一起玩，要么坐在座位上撕纸，要么写写画画，写一些奇怪的字。

在妈妈和爸爸的监督下，小卡勉强度过了一年级上学期。但是到了一年级下学期，小卡的情绪就变得暴躁起来，在家写作业的时候会发脾气,如果妈妈催促多了,他就把作业本撕了。

小卡从小很喜欢文字,对看书很感兴趣,每天在家里拿着书看,他也认识了很多字,看着看着书,他还会哈哈大笑。小卡对地理知识非常痴迷,看各种有关地理的书籍。在家里小卡就和爸爸妈妈滔滔不绝地讲各种地理知识,有时候自言自语,嘴里嘟嘟囔囔的,出去玩也是这样。

看到小卡这个样子,妈妈和爸爸很着急,就带他去了大医院,医生怀疑小卡患上了阿斯伯格综合征。他们第一次听说这个名词,之后也买了很多相关书籍去看,能够理解一些孩子的表现了。但是,看了很多相关书籍,他们也不知道该怎样才能帮助孩子。

父母非常困惑,不禁问:"小卡,你到底怎么了?"

很多人对阿斯伯格综合征感到非常陌生,就像小卡的父母一样,他们知道小卡的表现有些奇怪,又说不清孩子到底是怎么了,更多地将其归结为孩子的心智发育慢。对于家长来说,需要多了解一些关于阿斯伯格综合征表现的特点,以便能早些帮助孩子解决困难。

但是需要注意的是,有的家长在了解了一些阿斯伯格综合征的知识后会"对号入座",认为孩子肯定患上了阿斯伯格综合征,从而给孩子进行有些刻板僵化的训练。但实际上孩子可能并没有患阿斯伯格综合征，如果方法不得当，不但不会帮助孩子，反而会让孩子的情绪越来越糟糕。

二、阿斯伯格综合征的临床表现特点

结合工作经验和精神科的临床诊断标准，我把阿斯伯格综合征的表现特点归为以下几个方面。但是，需要注意的是，精神科的诊断并不是单纯靠症状表现来对号入座的，鉴别诊断也是非常关键的，有些多动症的儿童之所以被误诊为阿斯伯格综合征，就是因为没有做好鉴别诊断。

（1）社会化功能存在困难。这一点在孩子很小的时候就会表现出来，如和小朋友之间难以产生交集，参与集体活动困难，虽然他们很想和同伴一起玩，但他们对于同伴间的互动信号难以理解，或者跟不上节奏，有的孩子因此而被排挤，也有的孩子可能会自动退出，不和同伴交往。这是由于他们对他人的关注度不多，识别不出或难以理解社交信号，在社交和情绪上会有不合适的行为。有的孩子直至很大了都无法在交流的时候看别人的表情，然而不看表情的行为并不是阿斯伯格综合征儿童特有的，一些多动症儿童也有这种行为。孩子回避表情，不敢对视，导致共情能力下降，也有可能是本身共情能力降低而使他们避免眼神接触。

（2）**兴趣范围狭窄**。阿斯伯格综合征儿童在兴趣范围上会比同龄孩子狭窄一些，有的孩子对圆形的物体比较感兴趣，有的孩子对汽车车轮或声音感兴趣，有的孩子喜欢玩地上的石子，总之，兴趣点固着在事物的细节上，而对玩具的整体功能没兴趣。

孩子在年幼的时候，刻板行为会相对明显一些，等到大了之后，思维的"条条框框"会更加突出，导致自己被限制住。例如，在学习上，对需要自由发挥观点的题目感到困难，因为没有公式可以套用；做题的时候，遇到不会的题目不能轻松跳过去做其他题目，可能会卡在一道题上很久。除了自己狭窄的兴趣，如科学、天文等，排斥新的事物，他们也可能强迫他人接受自己的兴趣，特别是在和同伴的交流中，总希望对方能和他聊自己感兴趣的内容，不能接受别人聊其他的话题。

也有的孩子并没有特别感兴趣的事情，更喜欢在屋子里转圈圈，对新的玩具可能只碰一两下就放下了。

（3）**语言发育和表达理解的特点**。大多数阿斯伯格综合征儿童语言发育迟缓，在2岁之后才开始说"爸爸""妈妈"这样简单的词汇，有的会延迟到3至4岁。但是也有少数孩子在正常的年龄进行语言发育，后来在某个阶段，语言发育停滞或比同龄人发育缓慢。阿斯伯格综合征儿童往往在开始说话的时候就会表达完美的陈述性语言，这些语言可能来自所看的动画片、所看的书籍，或是家人所说的话，属于简单模仿，但根据情境的不同来灵活运用会存在困难。

很多阿斯伯格综合征儿童语调古怪，例如，抑扬顿挫不明显，突然用爆破式的语言来表达，语气不友好，语速过快或过慢。他们在和别人交流的时候，在表达方式上有的孩子会固着在某种特定的句式上，如不直接提问，而是通过问一些看似无关的问题来引出自己想说的话题，在表达意愿上也会出现很大的困难。

在语言的理解上，孩子对于同伴之间的玩笑话理解困难，容易从字面上去解读，难以和别人产生共鸣，对人际互动时的语气词或背后的含义不理解，容易感受到别人的嘲笑或恶意。

（4）缺乏非语言的信息交流。他们的面部表情变化比较少，可能是由于情感体验不够丰富。但是有的孩子表情看起来夸张或刻意，也有的孩子在表达时手舞足蹈，这是因为他们的表达能力不足，不能相对安静地坐着交流。也有的阿斯伯格综合征儿童在交流的时候会看对方的表情，但是可能会凝视对方，给对方带来不安。通过手势或身体姿势来表达也不恰当，如想表达友好，就突然离对方很近。

（5）不太协调的动作。有些学龄期的阿斯伯格综合征儿童在学校的体育活动中会遇到很多困难，例如，跳绳这样常规的运动对于他们来说很困难，因此他们往往会逃避体育运动。但并不是所有的阿斯伯格综合征儿童都会呈现运动不协调的特点，也有的经过专项训练，比较擅长某项体育运动，如有的孩子经过滑雪、乒乓球、跑步等专项训练，能够达到比较高的技能水平。

注意，了解阿斯伯格综合征的表现并非达到诊断的目的，而是希望家长能够引起重视。家长如果不了解孩子做不好事情是这些固有的特点所导致的，那么就容易训斥或者惩罚孩子。当了解了这些知识之后，家长的心态就能放平，从而能够冷静地去想办法帮助孩子。

三、阿斯伯格综合征儿童的情商能力特点

小卡的成长经历表明他和其他孩子不太一样，缺乏和同伴交往的能力，行为中还带着一些刻板，兴趣范围不太广……他就是阿斯伯格综合征儿童中的一名。

很多人会以为，确诊患上这种"疾病"了，孩子就可能有高智商或有天赋，但是现实情况是很多阿斯伯格综合征孩子就像小卡一样，在生活和学习中遇到了很多困难，有的是在学习方面，有的是在同伴关系方面。从心理功能发展的角度来讲，出现这些问题的原

因是孩子的情商发育落后，需要提升情商能力。

阿斯伯格综合征儿童由于情商能力在很多方面存在不足，在成长的道路上会遇到比别人更多的困难，而他们遭遇的最核心困境是人际交往困难，这会使他们产生更多的心理压力。他们的情商能力具有以下特点：

（1）人际交往能力不足导致的内心孤独。阿斯伯格综合征儿童的内心是孤独的，因为他们在一些社会化能力上存在明显不足，如日常沟通、分享、共同游戏、解决矛盾等都存在困难。在孩子年龄比较小的时候，人际交往的障碍不会有很多影响，他们可能独自玩耍，也可能和小伙伴跑跑跳跳、追跑打闹，但是遇到有规则的集体游戏会觉得非常困难。到了十岁之后，孩子对友谊的需求更大了，同学们都能三三两两地在一起聊天，但是阿斯伯格综合征儿童却对这样的深入交流感到很困难。他们使用书面语言相对容易，在生活中自由交流的语言相对贫乏。获得不了深厚的友谊，孩子在学校里会感觉很孤独，心情也很容易变得很糟糕。

（2）情绪理解和表达的不足。由于难以理解某些情绪，尤其是对他人情绪关注不足，同时他们的情绪表达能力也比普通孩子更弱，从而导致他们的情绪管理能力存在很大的问题。因此，他们需要集中学习情绪理解和正确的语言表达。他们对父母的情感依赖很强烈，但是沟通能力明显不足，仅限于比较基本的交流。有的孩子和成年人交流很顺利，但是和同龄人之间的交流就非常困难，甚至会感到很害怕。他们在同龄人的交往中对于深层次的涉及情感方面的交流比较困难。

（3）注意力下降。 由于阿斯伯格综合征儿童经常会沉浸在自己的世界里，注意力转移和分配等方面的能力都不足。他们的兴趣爱好范围比较狭窄，使得他们在和别人互动时，很容易沉浸在自己关注的内容上而不能很快转移。这一点在集体活动时会更加明显，此时，他们不但注意力转移得慢，而且将注意力分配到大量的事物上存在困难。在学习的过程中，他们一方面会沉浸在自己想象的世界里；另一方面会过于关注细节，反复思考自己想不明白的细节，没办法好好听课。即使孩子的智商分数很高，但是由于注意力的问题，很容易使他们的学业成绩表现并不理想。

（4）自信心很低。 由于各项能力的不足，阿斯伯格综合征儿童的自信心很低，很容易受挫。尤其是到了十周岁左右的时候，他们的自我意识增强了很多，兴趣范围相对狭窄，他们和同伴没有相同的兴趣爱好，别人都不喜欢听他们讲那些关于天文、地理等他们自认为非常有意思的事情，而他们对同学的聊天内容也不感兴趣，容易陷入深深的孤独中。有的阿斯伯格综合征儿童由于表现出不同寻常的行为，如不合时宜地问话、自言自语、莫名其妙地大笑（笑点不同）、不爱表达自己等，可能会感到自己与众不同，对别人的评价或者批评会过度在意，自信心极度下降。有的孩子会过度在意自己的学习成绩，当学习成绩下降时，有的孩子会情绪崩溃，甚至拒绝去学校。

（5）自我管理能力不足。 在成长过程中，阿斯伯格综合征儿童的自理能力比普通孩子要低一些，但这种情况的出现并非因为孩子学不会自理，而是学习的过程比较漫长。他们的父母往往很焦虑，会给孩子包办很多事情，因为焦虑着急的母亲往往受不了孩子慢吞吞的样子。孩子的注意力无法集中在这些需要自理的事情上，也是造成自理能力不强的原因之一。

阿斯伯格综合征儿童的情商能力是可以通过情商训练得以提升的。这个训练学习的过程并不是机械地、刻板地进行，而是要在灵活且真实的人际互动场景中进行。

2
阿斯伯格综合征儿童的人际互动能力

阿斯伯格综合征儿童虽然智商水平较高，然而，在人际交往能力不足的情况下，他们由于集体学习和生活的适应能力不足，在人际交往过程中会遇到很多困难，从而产生了很多消极情绪，使他们其他方面的能力，如智商的能力受损严重。

一、沉浸在自己的世界里，忘记了周围的人

小卡第一次来到教室里的时候，我和他打招呼，他没有搭理我，嘴里嘟囔着"天安门、德胜门、健德门、宣武门……"说着走到沙盘旁边"一号线、二号线、八号线、十号线"，嘴里还在念叨着。小卡似乎对这个环境和环境里的人都不在乎，他自己的脑袋在思考很多问题。我问他的一些问题都没有得到回答，如你几岁了、几年级了等。他看到了沙盘，里面的沙子引起了他的兴趣，他不停地来回拨弄沙子，重复了一个动作约两分钟，终于和我说话了，他说："上什么课？"我告诉他："你可以把喜欢的玩具放在沙子上玩。"他说："天安门在哪儿？"我问："你喜欢天安门呀？"我刚要给他拿天安门的玩具，小卡突然问："天安门在几号线？""让我想想！可是我想不起来了……"没等我说完，小卡很快在沙子上写了一个奇怪的字，很快抹掉了，又接着写了好几个奇怪的字……似乎他的世界里没有别人。

第一次和小卡互动，我就能感受到他与众不同的交流方式，我把他的这种交流方式叫作"旁若无人"式的交流，和他交流是非常困难的，而他的这种表达方式比较单调刻板。就像小卡一样，阿斯伯格综合征儿童更容易沉浸在自己的世界里，而与别人的交流则变成这种旁若无人的方式，和他聊天会给人一种不在同一个频道上的感觉——你问你的，我说我的。

有的孩子旁若无人地交流，自说自话，旁人插不进话；有的孩子不停地问别人问题，这些问题有的是孩子明知故问，有的与数字有关，有的与身高有关；还有的孩子滔滔不绝地说着自己感兴趣的内容，即使别人转换话题了，他还会继续说他的。

这种情况在他们年龄小的时候比较明显，而到了青少年时期，他们更可能表现出在集体中内向少语，这是因为孩子在成长过程中缺乏人际交往，也可能是因为他们在人际关系中不断受到挫折。

二、"我行我素"，游离在集体活动之外

小卡的妈妈经常接到老师的投诉电话，小卡上课不听讲，同学们都在做眼保健操的时候，他不做，趴在桌子上画画，做课间操的时候他坐在地上。小卡的妈妈感到很无助，怎么说他也没用，爸爸气得打了小卡，可是看起来也没什么作用。每天早晨出门之前，妈妈和爸爸都要嘱咐小卡到了学校一定要和大家做一样的事情，要不然回家就要挨罚。被罚的时候小卡会承认错误，但是到了学校依然是原来的样子，无论回家爸爸妈妈怎么喊叫打骂。后来，爸爸妈妈声音大一些，他就被吓得说一堆爸爸妈妈都听不懂的话。

能够融入集体活动是孩子社会化所需要的能力之一，绝大多数孩子经过幼儿园的生活和学习，基本上都会比较快地学会遵守集体活动的指令。所谓集体活动，就是大家一起做某项活动。

但是这对于小卡却是非常大的挑战，他不是无视老师的话，而是难以顾及全局。看起来"我行我素"，让周围的人都非常恼火，严厉的惩罚不但不起作用，反而会让孩子受到惊吓，让孩子的行为

变得更加紊乱。

阿斯伯格综合征儿童在参与集体活动时，他们的"顾全大局"能力比较差，难以把大家都在做的活动和自己联系起来，而且由于他们本身固执刻板，使他们难以停止手里的活动而马上投入集体的活动中。这部分能力对于别人来说没有难度，但是对于"小卡们"来说难度非常大，他们更容易躲进自己的世界里不愿意出来。

三、说话过于直率，不理解别人的情绪

妈妈说，小卡前几天被几个同学欺负了，她心里很难受，但是小卡也做得不对。原来昨天晚饭后，妈妈发现小卡胳膊上青一块紫一块的，无论妈妈怎么问，他都说不清楚，就是嘴里嘟囔着"没事！没事！"后来经过和老师沟通妈妈才知道，原来那天后桌的一个男同学给别人看他新买的手表，其他同学都好奇地围观，小卡在旁边突然大笑着说："哈哈哈哈，太难看了。"那个同学很生气地说："你说什么？你再说一遍。"小卡于是又说了一遍"太难看了"！结果那个男同学就打了小卡一顿，小卡也没跑，站在原地用胳膊挡住了。接着打上课铃了，大家都回到座位上了。妈妈说，小卡经常这样说别人，会当着对方的面说"你太丑了""你真笨"这样的话。爸爸妈妈告诉他不要这么说别人，别人会生气的，小卡每次

还是这么说。妈妈也非常担心小卡的这种说话方式会让别人不满，导致小卡被欺负。

像小卡一样，阿斯伯格综合征儿童理解别人的情绪很困难。在小卡看来，他觉得同学的那个手表不好看，所以就要直接说出来，他不理解为什么别人听到这样的话会不高兴。这样会给他与同学的交往带来很大的麻烦，大家会觉得他很怪，而且他说出来的话有时候会激怒别人，引发矛盾。

由于阿斯伯格综合征儿童识别他人的表情出现了障碍，恐惧和别人对视，躲闪别人的目光，这样的表现给人一种不礼貌的感觉。他们和成年人在一起聊天的时候会比较轻松，因为对方会迁就他们，而和同龄人在一起的时候就会因跟不上节奏而自卑。

四、别人与生俱来的能力，他们却需要去"学习"

这些与人交往的基本能力对于绝大多数孩子来说是与生俱来的，但是拥有这项简单的能力对于阿斯伯格综合征儿童来说是一件非常困难的事情，他们这项基本技能的发挥受到了阻碍。并不是他们完全没有这项能力，而是这项能力被某种事物给罩住了，处于一种沉默的状态，必须通过一些特别的训练才能把这项能力"唤醒"。

经历几个月的情商能力提升训练之后，家长和身边其他人逐渐觉得和小卡交流不那么费劲了，他回应别人的话的次数多了一些。虽然有时候他还是会沉浸在自己想象的世界里，但是对与人交流更感兴趣一些了。让小卡妈妈感到比较轻松的是，老师已经有一段时间没有打电话投诉小卡了，妈妈刚开始的时候还有些不习惯。更让妈妈高兴的是，有一次家长会上，老师表扬了几个进步比较大的同学，其中也包括小卡。老师说，小卡最大的一个进步是关注集体，能够跟随大家一起做眼保健操。尽管有的时候他还会自己写写画画，只要老师提醒他一两次，他就马上停下来，跟着大家一起做眼保健操。还有一次，小卡的表现让妈妈感到非常高兴，那天妈妈给小卡约了同班的小朋友，让他们一起到公园捉虫子，他见到同学说了句"你的帽子真好看"，那个同学先是愣了一下，大概还不适应小卡说这么好听的话，接着两个人高高兴兴地去找虫子了。

尽管小卡的情商能力和同学们相比还差一些，但是经过专业的情商训练，他的能力在不断提升，小卡看起来比原来开心多了。

这是一个长期的努力过程，情商能力的训练可以帮助小卡更加容易地融入集体活动，交到好朋友，不那么孤单。

3

阿斯伯格综合征儿童的
注意力与学习能力

从诊断的角度来讲，大家对阿斯伯格综合征儿童的认识主要是刻板、社交障碍、兴趣范围狭窄这些核心症状，还会伴有很多情绪和行为方面的困难。但是，还有很多阿斯伯格综合征儿童在学习上也会受到干扰，这也是他们的注意力受到不同程度的损害的缘故。尽管他们其中不乏智商非常高的孩子，但是从认知功能的角度来说，他们的注意功能在某种程度上存在受损的情况，会影响他们学业方面的成就。

阿斯伯格综合征儿童的注意力表现不一样，但是有一个核心的特点，他们会过于关注事物的细节，而无法很好地掌握整体的信息。关注事物的物理特征而不是情绪情感的部分，这会使他们的兴趣只集中在一个特定的范围。他们的注意力的困扰也会影响他们的情绪和人际交往过程中情感的交流。

有的孩子的注意力问题比较明显，在学习方面影响很大，影响上课听讲。有的孩子注意力问题不那么明显，尤其是智商比较高的孩子，然而他们过于关注和纠结细节问题，他们的理解力也会受到影响。

尽管有注意力方面的困扰，但是有的阿斯伯格综合征儿童从小学低年级开始，在家长的严格控制和管教下，学习成绩比较好。但是这种注意力方面的问题所造成的困难会在孩子上了初中、课业难度陡增之后更加凸显。这使得阿斯伯格综合征儿童除了要承受因本身的社交困难造成的压力，还要承受因注意力方面的困难所造成的学业上的痛苦。因此，上了中学之后他们的心理压力更大，更容易抑郁焦虑，甚至厌学。

根据我的临床经验，几乎所有的阿斯伯格综合征儿童都存在不同程度的注意力问题，但是这种注意力缺陷和多动症儿童的注意力缺陷又有很大的不同，阿斯伯格综合征儿童更容易受到内部信息的干扰，也就是脑海里产生的表象会更吸引他们的注意力，有的孩子到了青春期由于心理压力过大，还会产生一定的视幻觉或听幻觉。

阿斯伯格综合征儿童的注意力受损的表现

在心理学上，注意力分为四个部分：保持注意的能力、注意相关信息的能力、转移注意的能力、编码注意的能力。

一、阿斯伯格综合征儿童保持注意的能力到底怎么样？

大雁今年十岁了，上小学四年级。他性格温和，可是从小写作业、上课听讲就是个大问题。每次写作业的时候他都会愣神，盯着一个地方也不知道在想什么，有时候他会呵呵地笑起来，总需要家长呵斥两声才能回过神来，写一会儿作业。每天写作业都像吵架一样，要写到半夜才可以。虽然大雁不扰乱纪律，但是老师反映上课的时候他总是会想别的事情，好像还挺高兴。大雁的成绩之前在七八十分的水平，到了四年级学习开始有些费劲了，课上学的东西经常不会，回到家爸爸和妈妈还得轮流给他补课，成绩刚刚及格。父母也找老师沟通过，老师说只要大雁上课认真听讲，得八十分肯定没问题，但是他上课就是不认真，总走神，注意力不集中。家长非常苦恼，大雁看课外书的时候很专心，叫他很多遍都不答应。家长很奇怪，大雁在看书的时候注意力很集中，而且记忆力也非常好，基本上过目不忘，可上课的时候怎么就没办法集中注意力呢？

原来，大雁上课时并不是有意地不听讲，而是听着听着就被老师讲的某个细节吸引了，脑子里就出现了很多画面，他自己也控制不住。有时，听到老师有的知识讲错了，他的脑海里就跳出了和这个知识点有关的图像，之后他就听不到讲课的声音了，除非老师大声叫他，或者他自己意识到该听讲了。四年级的课程比较难了，很多内容他也听不懂。可是写作业的时候爸爸妈妈总是冲他吼，他害怕，也不知道该怎么做才好。

大雁的记忆力很好，或者说机械记忆力很好，刚上幼儿园的时候就会背古诗，现在也几乎是过目不忘。但是上课时，却无法把注意力一直放在课堂上。听讲效果不好，大雁对学习的信心也在下降，加上家长的暴躁情绪，大雁更容易上课走神了。他的保持注意的能力受损了，仅靠他自己的力量或父母的呵斥是无法走出这种困境的。

在保持注意的能力上，很多阿斯伯格综合征儿童只能在自己"狭窄"的兴趣里长时间保持注意力，然而在执行必须做的任务时，如上课听讲、写作业，保持注意力就非常困难。而这种保持注意力困难与多动症的注意力分散是不同的，多动症儿童容易被周围的动静所吸引，而阿斯伯格综合征儿童的注意力经常集中在自己的世界、想象的画面里，难以自拔。就像大雁一样，他们也很想好好听课，他们也很想把事情做得尽善尽美，在上课的时候会比其他同学更容易感到疲劳，他们想把老师讲的每一个细节都记住，但是又经常走神。他们在写作业的时候经常被不必要的细节所困扰，就像大雁一样会被某些别人注意不到的细节所吸引、纠结、沉浸其中，会持续很长时间。

过度关注细节对于阿斯伯格综合征儿童来说，非常干扰他们和外界进行接触，他们所关注的细节往往是被其他人所忽略的。例如，同样是到了玩具店，普通儿童看到琳琅满目的玩具非常兴奋，拿起玩具就开始玩，但是对于阿斯伯格综合征儿童来说，吸引他们的不是玩具的各种性能或者玩法，而可能是某个部件，如小汽车的车轮、路标，他们玩的方式就是反复滑动车轮，仔细观察车轮的转动；到电影院看电影时，其他人都被电影里的情节所吸引，但是阿斯伯格综合征儿童对于这些情节不感兴趣，却热衷于寻找影片里一些有瑕疵的细节，或是分析里面人物的身高、胖瘦等问题，也有的看到令人悲伤的情节却哈哈大笑，等等。别人能够很有兴致地把整个影片看完，他却非常想和别人分享自己感兴趣的那些细节，但是没人能和他分享这些看似无聊的事情。

由于他们很少能够遇到合适的人和自己一起分享这些内容，也找不到可以产生共鸣的朋友，因此，孤独的他们会很容易沉浸在自己想象的世界里，对外在世界发生的事情，如上课听讲、做游戏、聊天等都漫不经心，看起来慢吞吞的。还有的孩子由于太孤独而想象出一个好朋友陪自己玩，也有的还想象出另外一个自己和自己对话。这种情况如果持续时间过久，这样的想象就可能导致视幻觉或听幻觉。

因此，家长对于这些上课、写作业总走神的阿斯伯格综合征儿童，在养育方式上就应该放松一些，更多的是带着孩子一起走出想象的世界，让孩子把注意力多投入现实中。尽量不要让孩子过多地独处，而是要和孩子多聊天，让孩子多分享他感兴趣的内容。在现实中孩子有共同话题的朋友很少，那么家长就要暂时充当这个"朋友"的角色，不要嫌烦。

二、转移注意和灵活应对的能力受损

大雁还有一个问题令家长和老师都感到非常苦恼，就是他做什么事情都很慢。写作业的时候，他从书包里拿出书就要耗费很长时间，拿出一本书，有时候要想半天，才开始拿笔袋、作业本，再愣一会儿，慢慢坐下，开始动笔写字。而且一定要按照一定的顺序，先写数学作业，可是一旦遇到难度大的题目就卡住了，之后的就不会写了，他很着急，妈妈给他讲也不行，他一定要自己想出来才可以，花在一道题上的时间非常长。父母建议大雁不会的题可以跳过去，先做会的。劝了这么多年，大雁有的时候可以把不会的题目跳过去，但有的时候却要纠结一个多小时。

在学校，大雁也会出现类似的情况。前几天上英语课的时候，老师让学生把英语书收起来，拿出练习册。全班同学都这么做了，只有大雁一个人还在看英语书。同学都已经开始做题了，他还在看英语书，老师提醒他好多次，他才慢慢地收起书，练习册一直没拿出来。上四年级之后，老师反映的次数更多了，给家长打电话投诉的次数也增加了。老师很生气，觉得大雁是故意和自己作对，反抗自己的指令，让家长回家好好教育大雁，可是大雁的爸爸妈妈也很无奈。

阿斯伯格综合征儿童很容易出现注意转移困难的现象，就是把注意力从一项任务转移到另外一项任务会很困难。大雁的慢吞吞、不听指令等表现，就是因为在转移注意的能力上出现了困难，这使他在很多方面都出现了困难。

这种注意转移困难的问题会影响孩子的生活、学习等很多方面。例如，普通孩子早上起床，从睡梦状态到半梦半醒，再到完全清醒的状态，速度相对快一些，而阿斯伯格综合征儿童明显的特点是早上"起床气"很重，要么醒来后很长时间处于朦胧状态，对外界的声音和话语没有反应，要么这个过程持续很久，在这个时段，特别容易烦躁或发脾气。也有的孩子从下课到放学，表现得非常慢，当老师发出"放学"指令时，他们很难像其他同学一样马上行动，还一直处于上课的状态中。

注意转移困难的问题对孩子的学习方面影响比较大，大雁就是一个很明显的例子，尽管他很聪明，记忆力也很好，却在适应学校、学习技能获得和调整方面遇到了很大的困难。注意转移困难会让孩子的互动速度有些慢，不是那么灵活。这种注意转移的能力应该是与生俱来的，但是对于阿斯伯格综合征儿童来说，需要经过学习和训练才可以实现。有效、轻松的训练是非常有必要的，也会提高应对指令的灵活度，这是适应学校和提升学习技能所必需的。

三、整合和提取信息的能力下降，应对有延迟

每个人在生活中每天都会收到很多信息，然而只有那些进入注意系统的信息才会得到有效处理。这些进入注意系统的信息，经过大脑的整合成为有意义的知觉信息，才有可能进入下一步的处理系统。阿斯伯格综合征儿童的注意系统容量有限，当外界感觉信息过于繁多复杂时，他们只能处理其中的一部分信息。这也让阿斯伯格综合征儿童只能对某些细节保持关注，例如，他们正趴在地上看小汽车的车轱辘转来转去，这时身边的人对他们说的话、周围的玩具的声音等，他们都不会感知到，或者感知的程度比较弱。阿斯伯格

综合征儿童在家独处的时候表现得很正常，但是到了集体环境，由于信息量过大而使他们和周围环境不同步，他们会感到无所适从。

一方面，他们关注不到整体环境的关键信息；另一方面，他们在过滤繁杂信息上出现了困难。正是由于有这样的问题，有的孩子在学校听课的时候会非常紧张，上课一点都不敢放松，生怕错过了任何一个细节，如果哪些细节没有抓住，就会感到非常紧张，担心自己漏掉了重要的信息。由于过度紧张，他们会感到非常疲劳，会经常肌肉痛、头痛等。他们在接收信息、整合信息、过滤无关信息上出现了很大的困难，往往想把所有的信息都记住，但是抓不住重点。

这个问题往往非常影响孩子的学习，例如，有的孩子平时特别喜欢看书，但是在做阅读理解题的时候却非常困难，尤其是在面对找中心思想、提取关键内容的题目时，他们的压力特别大，他们很难将这些题目做出来，也很难感知文字背后的情感线索。他们的语文成绩往往会受到很大的影响，在做数学的应用题时可能也会感到困难，可能会不理解比较拐弯抹角的题目。在挑选物品方面，他们也会表现出强烈的选择困难，觉得每一个都很重要，往往在做选择的时候他们会更加依赖于家人来为自己做主。

面对这种情况，家长需要放慢速度，放低要求。减少孩子对家长的过分依赖，包括生活照料上的依赖，尤其是在做事、思考方面，不要提太高的要求，鼓励孩子自己做。有的家长由于孩子行动比较慢，就把孩子的大事小事全包揽过来，导致孩子得不到锻炼。很多事情，包括写作业的时候要给孩子独立思考的机会，家长要做的是安抚孩子的情绪。孩子写作业的时候如果遇到了困难，家长要耐心地给孩子讲解，有可能要讲解很多遍，孩子才能慢慢地明白。

4
阿斯伯格综合征青少年的烦恼与未来

小天今年上初中一年级，现在已经休学半年了。说起小天休学，父母至今无法理解，儿子从小到大都很乖，从来不惹事，成绩尽管不是上等，但也是中上等，基本不用家长操心。老师从来没有因为孩子的纪律问题找过家长，老师对小天的评价是太内向、不爱说话，希望他能多和同学交往。这样一个好端端的孩子，突然就说不上学了，也不说为什么不去了。小天的爸爸妈妈每天早上想尽各种办法，但是小天都是蒙着被子不起床，也不说话。

有时候，父母好不容易把小天连拉带扯地送到了学校门口，可他说什么也不进校门。有一次爸爸实在太生气，打了小天一个耳光，从此之后小天每天都锁上自己的房间门，不让爸爸妈妈进屋。无奈之下，爸爸妈妈只好给孩子办了休学。可是小天休学在家的时候和没事人一样，除了不学习，每天看手机、上网，看不出来心情有多么不好，只是白天不愿意出门，到了晚上才出去买点东西吃。

小天从小说话就给人一种文绉绉的感觉，大人都管他叫小科学家。上小学时也很顺利，小天从小就喜欢文字，对看书很感兴趣，在学习上没遇到太多困难。小天没朋友，回家后也不说学校发生的事情，就喜欢一个人躲在房间里看书，看各种科学、科幻、昆虫类的书。小天小时候喜欢看一些类似《猫和老鼠》《天线宝宝》这样的没有语言的动画片，而且会一遍一遍地看，一直看到四五年级，妈妈觉得他已经长大了，不能再看这么幼稚的动画片了，于是不让小天看动画片了。小天的记忆力很好，唐诗宋词张口就来，喜欢给爸爸妈妈讲各种科学知识，在学校也给同学讲，可是同学都不太喜欢听，同学都在玩各种网络游戏，小天却不喜欢玩。

小天和老师沟通也没遇到什么特别的问题，和同学也没有发生不愉快，当时爸爸妈妈以为就是到了青春期，孩子叛逆，没放在心上。没想到上了初中，不到一个学期，小天又闹着不想上学，这次父母怎么都劝不动了。每天晚上小天都睡得很晚，而以前正常上学的时候能按时睡觉。自从闹着不上学之后，小天晚上一两点才睡觉，这算是比较早的了，后来就经常到三四点也不睡。小天在房间里听音乐，爸爸妈妈让他早点睡，他就生气，有一次还冲着妈妈大喊大叫，打了妈妈两拳。后来他主动向妈妈道歉了，可是爸爸妈妈觉得小天的情况比较严重了，也不敢过多地催促他，怕他突然情绪激动。

父母不得不带着"厌学"的小天到处看病,最终得到的诊断结果是,小天患上了阿斯伯格综合征,也没有什么特别好的治疗办法,医生开了一些药。

到了青春期之后,阿斯伯格综合征青少年的心理困惑比小学阶段更加严重和复杂,与同龄孩子相比,他们的困惑会更多,会有更大的概率患上心理疾病。

一、到了青春期,他们的同伴交往困难的问题更加严重

小天小时候几乎没什么要好的朋友,在学校也不惹事。小天的性格太内向,以前家长也创造了很多机会让他和小朋友一起玩,但是小天一直和在幼儿园的时候一样,总是脱离大家,自己玩。上小学后,有一段时间,他偶尔会冲着身边的同学笑,或是在背后拍同学一下,会把同学吓一跳,同学回头追他,他就笑嘻嘻地到处跑,家长觉得这是因为小天想和别的小朋友玩。后来老师让几个比较听话、懂事的同学帮着小天,带着他一起玩。

到了六年级,有一段时间爸爸妈妈发现小天脾气变大了,非常容易发脾气。如果妈妈让他收拾自己的房间和书桌,或者批评他字

迹不工整，他就发脾气，也说不出什么，就是发出很大的怪叫声，使劲跺一下脚，扭头跑回自己的房间，蒙头待一会儿。那段时间小天也和爸爸妈妈提到过不想上学，被拒绝后仍能乖乖地背着书包慢吞吞地去学校。爸爸妈妈问他为什么不想去学校，小天也不说，就是经常回家哭，说同学嘲笑他，有时他说听不懂同学说什么。那时家长觉得他就是性格太内向了，劝小天多听听同学都在说什么。

一般阿斯伯格综合征儿童在小学低年级阶段还能够适应，但是到了小学高年级，他们和同学之间的距离会越来越远。

就像小天，到了六年级，他和同学之间的交流出现了更多困难。他想参与到别的同学的话题中，突然发现距离别的同学越来越远了。大家在聊各种网络游戏、小说，可是他什么都听不懂。他有几次试着和别人说他感兴趣的天文知识，可是同学都说没意思，太无聊。面对这种情况，小天很受伤，也很无助，似乎他和同学之间隔了一层玻璃，他和别人的交流总是不在一个频道上。

到了青春期，阿斯伯格综合征青少年的同伴交往意愿更强，想有好朋友却总是受挫。有的孩子对同学总是爱答不理，让别人误以为他很高傲。有的孩子会表现得比较幼稚，也有的孩子会觉得别的同学太幼稚，也害怕别人说自己幼稚。因此，上了中学之后，他们很容易感到与同学格格不入，同学聊的话题自己不感兴趣或者难以理解。他们没有要好的朋友，或者和好朋友之间容易产生矛盾，遇到矛盾也不知该如何解决，他们更可能会选择逃避。

由于同伴交往困难，很多阿斯伯格综合征青少年会出现像小天这样的情况，他们害怕去学校，害怕见到同学和老师，并非不想学习，而是"恐人"，有的孩子甚至害怕去人多一些的补习班。

二、强烈的叛逆心理与之前判若两人

妈妈说，小天从小很听话，性格又温和。妈妈是一个心很细的人，平时包办了很多小天生活上的事。到了小学四五年级的时候，妈妈还要帮小天收拾书包，整理文具，甚至有时候还给他系鞋带、系扣子。虽然爸爸会极力阻止妈妈这么做，但是小天生活自理能力实在太差，自己的物品乱七八糟的，早上起床上学，如果妈妈不帮忙就肯定会迟到。对于小天的学习，妈妈管得也很严格，小天每天除了要写学校的作业，妈妈还会给小天布置很多其他的课外学习作业。小天也很顺从，妈妈让做什么，他就做什么，有时候他不想做，但是只要妈妈严厉一些，他马上就听话。小天从小学习成绩比较好，几乎不发脾气，顶多是不高兴了就低下头什么也不说。可是上了六年级之后，他和以前越来越不一样了，再也不是之前那个温顺听话的小天了，脾气越来越大，让他做什么他都不愿意。问他要怎么做、需要什么，他又不直接说，妈妈感觉很累，总得猜小天想要做什么。

阿斯伯格综合征青少年小时候很听话，但是表达情感会比较困难，表达意愿对于他们来说也同样有障碍，生活上自理能力比较差，非常依赖家长的照顾。到了青春期，阿斯伯格综合征青少年和其他同龄人一样，自我意识开始变得非常强烈，他们很想自己做决定，很想摆脱父母的管制，但是又不敢反抗，也不知该如何表达自己的感受和想法。有的阿斯伯格综合征青少年在心情不好的时候就把自己锁在屋子里很长时间，拒绝让家人进入，长时间宅在家里；也有的孩子能在父母的强制下勉强去学校，但是在学校的状态会越来越差。

三、难以表达和排解情绪的困扰，就把自己封闭起来

阿斯伯格综合征青少年的情绪表达是比较困难的，而且情绪调控上的特点主要表现为极度压抑和逃避负面情绪，非常害怕触碰这些情绪，也很不愿意和别人（包括家人）讨论自己的不愉快情绪，因为这些是让他们感到非常恐惧和伤自尊的事情。到了青春期，或者在青春期之前，也就是四五年级的时候，这些孩子的情绪波动比较大，甚至情绪会突然爆发，显得和以前完全不同，也有少数孩子

会有攻击人的行为。有的阿斯伯格综合征青少年从童年期情绪就容易爆发，他们可能会大喊大叫，也可能会摔东西或打自己。当他们觉得别人对自己有敌意的时候、觉得自己做不好的时候、自己正在专注做的事情被突然打断的时候、认为别人拒绝他的时候，情绪都可能突然爆发。

有的阿斯伯格综合征青少年常常压抑自己的情绪，表面看起来很平静，一旦积攒到自己控制不了的程度就会突然爆发，和父母、同学和老师发脾气，难以控制，这种情绪爆发往往是突然发作，强度很大，但是情绪回落得也很快。情绪爆发之后，他们非常后悔，有的甚至会立刻承认错误。

很多阿斯伯格综合征青少年很容易带着消极悲观的情绪，他们容易产生灾难化的想法。他们在某些方面会表现得过度敏感，看问题比较负面。例如，有的孩子能非常敏感地捕捉到印刷品、书本、电影里的错误或不严谨的地方，他们似乎天生是一个优秀的批评家。这样的敏感会导致情绪上容易紧张焦虑，在青少年阶段，这种负面情绪在各种压力下会更加明显，在情绪调控存在异常的基础上，他们容易焦虑不安、紧张，这种不安的情绪对于他们来说是一种难以描述、难以表达、莫名的感受。在学校里他们显得比较紧张，怕自己出错挨批评。如果外界压力过大，他们就会出现急性焦虑发作的症状，突然呼吸困难或者精神崩溃，就是"惊恐发作"。

由于强烈的情绪困扰难以表达，令人痛苦的负面情绪难以得到疏导，有的阿斯伯格综合征青少年会采取自伤、自残的方式来应对，如咬指甲、割伤自己、抠自己的脸或手，也有的会沉迷于文身、整形、过度减肥等。

及时疏导负面情绪，对于阿斯伯格综合征青少年来说是非常重要的，可以减少他们的消极情绪，也会在此基础上继续提升他们的情绪表达和自我管理情绪的能力。

四、学习障碍带来更大的学习压力

由于刻板印象，有的阿斯伯格综合征青少年很容易陷入牛角尖，对于很多知识点难以理解。学业成绩落后，学习任务繁重，他们觉得自己应付不了，学习的自信心也会受挫。

有的阿斯伯格综合征青少年由于注意力受损比较严重，上了中学之后，学习任务量增大，在上课听讲、写作业过程中可能过度纠结，也可能自我沉浸的时间过长，无法完成学习任务。

在学习上，除了注意力方面的困难，很多孩子也会存在书写困难，例如，写字过于用力，在作业量增加时，会感觉特别疲劳。手部协调能力的不足会造成书写困难，小学阶段这种困难由于任务量小，他们还能应付，但是到了中学，这种困难会使他们产生更大的心理压力。

因此，在辅导阿斯伯格综合征青少年写作业的过程中，如果遇到学习上的困难，家长不能急躁，一定要鼓励孩子克服困难，而且在学习任务安排上不要过于密集。

五、发现和挖掘孩子的优势，让孩子学会灵活应对

当孩子被诊断出阿斯伯格综合征之后，家长最关心的问题莫过于孩子的未来会怎样、能否被治愈。

孩子在某些方面会有独特的想象力，有的孩子有数学、生物、地理等方面的天赋，有的孩子在音乐、绘画等艺术方面天赋异禀。然而，无论他们的天赋如何，都要有独立生活、适应社会的能力。当这些孩子以各自不同的成长轨迹完成了学业，走向工作岗位后，执着的性格特点会让他们在专业上有突出表现。他们会表现得认真负责，对待工作细致，注意细节，很快就能发现错误，有独特的视角，会专注自己感兴趣的领域。但是，这种"两耳不闻窗外事"的做事风格，可能会让他们在人际关系有些复杂的职场中遇到困难。如果他们的工作涉及团队协作、需要进行大量的人际沟通、需要协

调人员，可能会困难重重。

  因此，他们更需要重视心理辅导，及时疏导自己的不良情绪和心理压力，掌握职场中人际沟通的能力，帮助自己远离心理疾病的困扰。当然，他们要选择适合自己性格特点的工作，不需要大量人际沟通的工作可能会更好一些。

第 6 章

抽动症儿童的情商培养

孩子患上了抽动症，家长会非常着急，看着孩子的各种奇奇怪怪的抽动动作、听着他们发出的奇怪的声音，非常心痛，希望用药物或物理上的办法马上把这些症状消除。正因如此，儿童抽动症很容易被误认为单纯的生理问题，家长忽略了孩子的心理压力，这也是孩子情商能力发展不均衡导致的。

1
儿童抽动症的临床特点

小碟三岁左右的时候有一阵子总是眨眼睛,家长带他去医院检查,结果是结膜炎,滴了几天眼药水之后小碟就好了,家长没有放在心上。后来上了中班之后,不知怎么了,小碟有几天又开始眨眼睛,妈妈给他滴了眼药水,这次就不管用了,小碟不只是眨眼睛,还会挤鼻子。爸爸让他不要总做鬼脸,小碟还是不自觉地眨眼睛,挤鼻子。爸爸以为小碟是故意的,就打了他一顿,小碟的症状几天后就没有了。爸爸以为是小碟太调皮了,故意挤眉弄眼,教训一下就好了。

小碟五岁半的时候,父母把他转到了学前班学习,为上小学做准备。上了一个月的课,小碟又做出眨眼睛、挤鼻子的动作,有时候还使劲把嘴张大。这次的怪动作有些频繁,爸爸又揍了小碟一顿,可是这次没见好,反而更重了。

爸爸妈妈觉得可能出问题了,就带着小碟去医院,诊断结果是儿童抽动症。医生给孩子开了一些中药,孩子太小,还不适合吃西药。吃了几天中药,小碟就不愿意吃了,在爸爸妈妈的严厉要求下勉强吃下,可是抽动的症状更重了。妈妈后来又听别人说按摩可以缓解抽动症,于是就带孩子去做按摩。一开始确实有效果,好像好了些,但是几次按摩之后小碟说什么也不去了,抽动症状又变了,增加了甩胳膊的动作。爸爸妈妈都很担心,觉得可能是学习压力有些大了,就让小碟在家休息了几天。爸爸也怕刺激他,没再打他,带他出去玩了几天。休息了两周之后,小碟的抽动症状有所缓解,不再甩胳膊了,就是频繁眨眼睛,偶尔还会挤鼻子。

后来,小碟上了一年级,妈妈觉得养成良好的学习习惯很重要,于是就开始严格管理小碟的学习,每天都陪着他写作业,写得不好了就要求重写。有时候,小碟写的语文作业,字写得达不到要求,改了几次都不行,妈妈气得把他那页作业撕掉了。小碟很害怕妈妈生气,写作业非常认真,小心翼翼,有时候要写好几个小时。

在学校里,老师表示小碟很老实,从来不惹事,上课听讲很认真,作业也经常是班级里的典范,学习成绩好,这次小测验三科全是满分。妈妈听了很高兴,但是老师补充道:"小碟各方面都很好,就是太老实了，作为一个男孩子，有点过了。"妈妈想男孩子老实点不惹事也很好，只要把学习成绩搞好就可以了。

听其他家长说学奥数对孩子升学有好处，于是妈妈给小碟报了一个奥数班。一开始小碟还很有兴趣，学了两个月后就不想写奥数作业了，但是妈妈说必须写作业："要坚持下去，别的同学都在学，你不学就要落后了。"

快期末考试了，爸爸提醒妈妈，别给孩子太大的压力，小碟又开始眨眼睛、挤鼻子了，于是妈妈没有督促小碟每天做奥数题。过了几天，小碟不眨眼睛了，可是又开始甩胳膊了，而且写作业的时候一阵阵地清嗓子，不写作业的时候状态好一些。

妈妈加了很多关于抽动症的微信群，群里的家长介绍了很多抽动症的各种奇怪的症状，妈妈越看越害怕，但是该怎么办呢？有人建议带孩子去做按摩，小碟试过了，效果不好；有人建议去做针灸，姥姥强烈反对，针灸会吓到孩子。后来有人介绍去中医院看一下，说吃中药效果不错，妈妈带小碟去开了汤药，回来吃了一个月，好像有些作用，但不太明显，妈妈还是让小碟坚持吃了半年汤药。

到了假期，小碟的抽动症状减少了，只是在玩手机游戏的时候频繁眨眼睛，妈妈就把手机没收了。之后小碟的抽动症状时好时坏，群里有家长说，到了青春期孩子的抽动症就能好了，妈妈想那就无所谓了，孩子长大后就好些了。

但是小碟上了四年级，甩胳膊和清嗓子又变得频繁起来。令爸爸妈妈担心的是，尽管小碟不怎么眨眼睛、挤鼻子了，但他又开始甩头，清嗓子也越来越频繁了。

每天看着小碟这个样子，爸爸妈妈总是愁眉不展，不敢催促他学习，他的成绩也越来越不好。有一次，爸爸打了小碟，因为小碟说脏话，爸爸警告他很多次，小碟的脏话有时突然就蹦出来，让父母很恼火。

自此之后，小碟的抽动症状加重了，一连串抽动动作同时发作，眨眼睛、挤鼻子、甩胳膊、大声清嗓子、骂脏话，每天都发生很多次，写作业的时候更严重。

小碟患的是儿童抽动症，是儿童期非常常见的神经心理疾病，在排除了一些躯体疾病之后，比较容易诊断。人们往往以为这类疾病的症状表现以运动系统的突出表现为主，只要消除这些抽动的动作就代表病好了，然而这些抽动的动作和孩子的心理状态有很大的关系。

一般来说，抽动的症状持续时间过久，这种动作模式就容易被神经系统固化下来，成为机体习惯性应对心理压力的一种方式。

儿童抽动症的症状本身变化多样，时好时坏，家长感觉抽动症状就像一颗"不定时炸弹"一样,不知道什么时候就蹦出来了,为此非常忧虑。

像小碟一样,很多患儿在幼儿园的时候会轻微眨眼,家长以为是孩子的不良习惯,如果没处理好,症状就会时好时坏,特别是有的孩子在开始了学习之后,就突然出现各种抽动症状,甚至发出很多奇怪的声音。

对于儿童期出现的抽动症状,家长要重视,但又不能过于恐慌,不能有病乱投医。对于家长来说,孩子患抽动症,内心是非常痛苦的,一方面要照顾好孩子,不敢给孩子太大的压力;另一方面又担心孩子的学习成绩下降。

正确认识并正确应对儿童抽动症,有助于消除孩子的症状。这就需要家长了解抽动症的相关知识,以及与其相关的各种心理因素。

一、儿童抽动的症状表现类型

运动抽动是最常见的抽动症状,就是身体某个部位的肌肉出现不自主、快速突然而重复的运动。最常见的肌肉抽动是面部肌肉的不自主抽动,如快速、频繁而用力地眨眼睛、挤鼻子。

发声抽动的症状,早期为单纯地从嗓子里发出各种声音。症状较轻的时候发声的音量较低，和大多数人平时吸鼻子、清嗓子、咳嗽的声音差不多；如果进一步发展，发出的声音音量就会加大，发声的内容就有些奇怪了，如发出嘎嘎、吱吱等单调的声音，或者动物的叫声，如汪汪、喵喵等；如果再进一步发展，发声的内容就是有语言内容的了，如模仿别人的话、重复话语等，但语速、语调都表现得异常。

秽语症状，就是孩子突然说脏话，不受控制，具有突然、爆发的特点，这种症状在青春期的抽动症孩子中相对多见，也有的幼儿阶段的孩子，秽语会伴随其他的抽动症状出现，多表现为学其他人说脏话，从表现上来看更带有强迫的冲动性质。孩子知道说脏话不好，也知道当着家长的面说脏话会被批评，但是仍控制不住。

二、儿童抽动症容易发生的年龄

一般来说，抽动症状在 18 岁之前就已经表现出症状了，出现抽动症状的年龄多为 4～6 岁，也有的家长表示 1 岁左右的孩子就有疑似抽动的症状，但无法确认。孩子上小学之后症状更加明显，由于压力的来源比幼儿时期更多，所以不容易调整。一般 10 岁左右抽动症状最为严重，有的孩子在年幼的时候抽动症状轻微，家长没有引起重视，但是到青春期前，由于压力事件增多和孩子自身生理成长所带来的心理矛盾强烈，抽动症状会突然加剧。

个别孩子会在中学阶段出现强烈的抽动症状，而这个时期孩子情绪失调的表现也比小学阶段的孩子更加突出，情绪表现往往都比较强烈，暴怒的情绪也可能会比较频繁和强烈，往往针对家人。中学阶段之所以突发抽动症状，有可能是因为在小学及之前孩子轻微的抽动表现没有被发现。

有的孩子的抽动症状类型比较简单、轻微，属于长期的固定部位的抽动症状，到了青春起之后症状会有所缓解，但完全消失的很少。一般单纯而短暂的抽动症状会在一年之内消失，有可能之后不再会出现。但是也有的孩子会在一段时间之后再次出现抽动症状，抽动症状可能更加复杂。

症状改善不佳的个体，某些抽动症状会延续到成年期。到了成年的时候，抽动症状的幅度对于个体的影响不同，抽动幅度大的症状对个体的生活、工作影响会比较大，特别是需要面对很多人的工作，对于个人的心理压力和工作的影响都会比较大。而对于抽动动作单一、幅度较小的情况，人们往往会将其视为一种习惯而已。

三、儿童抽动症的心理干预的重点

对于患抽动症的儿童和青少年,如果孩子的年龄比较小,建议尽量不要用药物进行治疗;如果孩子的年龄大一些,如到了青春期,症状又比较严重,那么就需要精神类药物的帮助,药物可以缓解孩子的抽动症状,也可以帮助孩子稳定情绪。很多家长会担心西药有副作用,不过医生评估过用药的利大于弊,所以需要使用药物进行治疗。

但是,无论用药还是不用药,早一点进行心理干预对于孩子来说是非常重要的。

根据我的经验,心理干预有以下作用:

第一,有助于帮助孩子疏导心理压力。孩子出现抽动症状,或者抽动症状严重,往往是因为孩子的情绪比较紧张、压抑、焦虑。心理干预帮助孩子疏导负面情绪,当孩子的情绪不那么压抑时,抽动症状会缓解许多,只残留一些轻微的抽动症状,有的症状会消失。

第二,有助于改善亲子关系。抽动症儿童的亲子关系表面上看比较和谐，但是往往他们的父母是过度焦虑、过度严格的，对孩子的要求会比较高，有的家长还会因为孩子的抽动症状而产生无奈、恼怒甚至嫌弃的情绪，亲子关系会变得紧张。而在心理干预的作用下，家长会更加理解孩子的感受和表现，也会有意识地调整自己的状态，让紧张的亲子关系缓和下来。

第三，有助于孩子摆脱心理疾病的困扰。抽动症儿童容易患上情绪障碍、强迫症等心理疾病，尤其是到了青春期之后，孩子的心理疾病会加重，导致孩子学业上的困难。因此，应及早对孩子的心理状态进行调整，这有助于孩子尽早摆脱心理疾病的痛苦，健康地度过青春期。孩子到了中学阶段，一般来说心理疾病的治疗会更加困难。

第四，提升孩子的心理抗压能力。孩子患抽动症之后，家长还会很担心孩子的心理抗压能力变弱了，一旦有一点压力，孩子的抽动症状就会复发或加重，这也是孩子的心理承受能力下降的表现。通过心理干预，可以提升孩子的抗压能力和抗挫折能力，减少抽动症状发生的频率，减轻抽动症状的强度，也能防止抽动症状日渐加重。

2
抽动症儿童的情商特点

小碟第一次来上课的时候小心翼翼地，行动非常规矩，不断眨眼睛、挤鼻子、甩胳膊的动作有些让人心疼。进教室的时候，小碟看见那么多玩具，先是眼睛有些发亮，但没有马上去玩，而是站在原地盯着玩具看，抽动的动作更加明显了。当我和他说可以挑自己想玩的玩具时，他还是没动。后来我带着他走到玩具架子前，他一会儿想拿变形金刚，一会儿又想拿魔方，一直犹犹豫豫没选出来。

在摆沙盘的时候，小碟放松一些了，摆了几个小动物，外面围着一圈围栏，后来又放了一家人读书的沙具，外面散落了一些小贝壳。看得出小碟的心思还是挺细腻的，但是他不放松，一边摆沙盘，一边还不时小心翼翼地看我是否对他的作品满意。当我夸奖他沙盘作品很漂亮的时候，他却马上不摆了，眼睛又眨得厉害了。

我带着他画画的时候，他稍微放松了一些，看来他对画画还是比较喜欢的,也能让他轻松一点。我和他聊天,他也能多说一些了,可是他画画的时候反复画了擦、擦了画,嘴里还叨咕:"又画错了,你总是这样""能不能认真点"……

抽动症儿童的性格特点有一些类似的地方,小碟的性格是比较有代表性的。小碟非常谨慎小心,也很认真,对批评很敏感,在他的不断抽动的症状中,可以看出孩子的心理压力是很大的,尤其是在一个孩子不熟悉的环境中更加明显。也有的抽动症儿童表面上看起来不像小碟那样紧张,反而比较好说好动,他们往往把不好的情绪隐藏起来,在没有表现出不开心的时候,抽动症状却很明显,这让家长感到非常疑惑:孩子看起来好好的,怎么抽动得这么严重。

在情商能力上,抽动症儿童在以下几个方面有一定的特点:情绪表达、情绪调控、自我要求、评价的影响、对待结果的态度、同伴关系、亲子关系等。

一、情绪表达的特点

小碟在学校里比较紧张,在新的环境里也比较紧张,总在不停地观察别人的情绪变化,别人的情绪有一点点变化他都能比较容易地感知到。因此,在学校里他很害怕老师生气发火,在家里害怕爸爸妈妈生气。爸爸妈妈也说小碟是一个比较乖的孩子,问他什么事情，他都说挺好的，父母批评他时，他顶多就是哼哼唧唧、不出声地哭一会儿。小碟长大了，父母觉得他的抽动动作很烦，也隐隐地希望小碟有什么不开心的事情能大声说出来，哪怕大声痛快哭一场也行。

抽动症儿童对情绪的感知比较敏感，特别是对他人的情绪尤为敏感。情绪表达困难在儿童期比较常见，越是年幼的孩子越是困难，他们有情绪，却不能用语言明确地表达出来。随着孩子年龄的增加，表达情绪的能力逐渐增加。然而，抽动症儿童虽然情绪感知和理解的能力比较强，但是表达情绪却很困难。他们心里虽然很清楚，但是害怕表达自己的感受，怎么问都不愿意说，只是在心里憋着。

例如，被父母批评，他们会说是自己做错了，不会为自己辩解；老师误会他们了，他们也会努力地为老师解释，如"老师都是为了同学们好"，同学多次拿他们的玩具不还，他们会说"反正我也不想玩了"。

不表达自己的情绪就意味着内心非常憋屈，但是他们不会轻易说出自己的真实感受。有的孩子不小心说出自己的真实感受，如感到"生气""委屈"，但马上又会否认。很多时候，需要身边的人去猜测他们心里的想法。表达自己的情感是一件很不容易的事情，但是对于抽动症儿童来说却非常重要。

二、从压抑到爆发的情绪调控

小碟一直是个听话的孩子，他会认认真真地按照老师和父母的要求去做。有时妈妈觉得小碟太乖了，不像其他孩子一样能大声哭出来，只有被爸爸打的时候才大哭了一场。平时非常委屈的时候他也不怎么流眼泪，顶多就是默默地抹眼泪。但是，小碟放松心情之后，抽动症状又缓解了很多，所以，爸爸妈妈觉得只要孩子能够认真学习，还是乖一点比较好。他们很喜欢听话的孩子，即使妈妈把小碟的作业本撕了，小碟也不会发脾气。爸爸妈妈相信，从小严格要求孩子，孩子才能养成良好的学习习惯。

可是最近小碟的情况让他们实在接受不了，他竟然说脏话，还在父母面前毫无顾忌地说脏话，在被爸爸教训了一顿之后，说脏话的现象减少了，妈妈也给他讲了很多说脏话不好的道理。可令人意外的是，后来小碟的脏话像"井喷"一样刹不住闸了。

抽动症儿童非常压抑情绪，特别是在小的时候，在表达情感方面会显得很沉闷，属于不太爱说话的孩子。也有的孩子非常能说，看起来活泼好动，但是对自己郁闷、烦恼、生气的事情，就掩饰逃避过去了，装作什么事情也没发生。小碟的性格中这种情绪调控模式就比较突出，当他内心的负面情绪压抑得比较多但又不敢去表达和寻求帮助时，他的负面情绪就会以身体上不同部位的肌肉快速抽动的方式"释放"。而在情绪的平稳期，孩子的焦虑情绪也比较明显，不容易放松，遇到事情容易想到糟糕的后果，如怕脏、怕危险、怕被伤害、怕传染病等，属于比较胆小脆弱的性格。

但是当小碟的外界压力过于强烈时，如来自父母的关于学习等方面的要求过高，他也会压抑不住内心的愤怒。由于不敢向父母表达，发声抽动就有可能变成带有语言性质的声音，如动物叫声、单调的音调，甚至控制不住自己，说脏话，尽管他自己也知道说脏话是不好的行为。

这也是他压抑情绪调控模式的一种结果，对于这样持续压抑情绪并且亲子关系很差的孩子，最终的爆发会以说脏话、冲动行为、情绪失控等形式呈现出来。

三、对自我的要求过高

妈妈在学习上对小碟的要求很高，如小碟写的字，有一点不符合要求，妈妈就会很严厉地批评小碟。于是逐渐地小碟对自己写字、画画都很苛刻，有一点错误就会非常痛恨自己，责备自己。经过一段时间的辅导，小碟才开始学会一点点地接纳自己，这对于他来说已经很不容易了。小碟轻松了一些，但是他并不能完全放低对自己的要求，做事情还是很小心翼翼。

很多家长和小碟妈妈的观点一致，希望孩子对自己的要求高一些，这样孩子才能变得优秀。然而，高要求并不适合年幼的孩子，因为他们还承受不了高要求所带来的严重的自我挫败感。孩子非常在意父母的态度，希望能够得到认可。当父母的批评指责过多时，他们逐渐形成了自我否定的认知概念，追求不健康的"完美主义"，这会导致孩子情绪逐渐失控。

抽动症儿童并不能像父母期望的那样，越是管教严格、高标准严要求，孩子就能够做得越好，孩子的这种"完美主义"性格反而会让他们心理上的压力越来越大，导致事与愿违。例如，写作业的时候，一定要求自己写得非常工整，稍不满意就要擦掉重写，可能会写得更加不好，抽动的症状也会加重。有的家长已经降低了对孩子写作业的要求，但是孩子自己不放过自己。

四、别人的评价对孩子的影响

小碟在心理辅导的过程中一直表现得很敏感，特别是对老师的评价很在意。妈妈说，小碟在家里的时候也是这样，好像在看别人脸色。后来小碟病情加重，妈妈才开始明白，小碟在学校里那么紧张，是因为他非常害怕老师会批评他。每天回家，小碟总像是松了一口气，表示还好成绩是优。每天上学之前，小碟会非常紧张地检查书包、水壶、饭盒等是否带全，至少要检查两遍才能出门，总害怕如果忘带了，老师会批评他。

小碟过度在意别人的评价，尤其是来自老师的评价。因此，在学校里他会很紧张，上课的时候规规矩矩，非常害怕老师的批评。而老师给家长的反馈都是小碟是一个非常好、非常遵守规则、非常懂事、非常积极的孩子，但是他内心是非常不自信的。就像小碟一样，孩子会非常在意别人会不会因为自己做得不好而不高兴，会不会被批评。小碟在家里会比在学校或者在补习班里轻松一些，但是如果父母的养育方式以批评、限制、控制等为主，那么往往患儿在家里也是紧张的。

五、"结果"的影响

小碟对结果很在意，尤其在意学习的结果。每次考试和测验，一开始妈妈要求他考100分，如果没考满分，妈妈就会训斥他。所以，每次考试前他都很紧张。有一次没考满分，他非常不情愿地拿出卷子给妈妈，妈妈看到是98分，没说什么。后来小碟总说自己成绩不好，考不了100分。不只是考试成绩会让小碟如此紧张，其他很多事情都会让他退缩。小碟喜欢画画，平时每天都会画好几幅画，但是有一次一个小朋友到家里玩，和小碟一起画画，妈妈无意中夸了那个小朋友的画好看，小碟当时抽动的动作就特别多，还说画画没意思，跑开了，之后他也不怎么画了。妈妈发现只要小碟觉得自己做不好、不如别人，他就"逃跑"了。

就像小碟一样，抽动症儿童对于结果很在意，只有觉得非常有把握，才愿意去尝试，这是因为他们无法接受任何自己定义的所谓的"失败"。因此，在面对有压力的事情时，他们往往对结果左思右想，顾前想后。当他们感觉结果总是达不到自己的标准时，就很快放弃，要么躲起来，要么就会非常紧张。考试往往是躲避不了的，因此考试之前他们会非常紧张，等待考试结果和看到结果的时候都会非常紧张。然而，孩子的心理活动家人往往不理解，无法察觉，家人也不知道孩子会这么敏感。孩子容易因胆小、畏难而受到训斥。

抽动症儿童的情商能力在某些方面比其他同龄孩子要强一些，如察言观色的能力要比其他人强。有的患儿在同伴相处中比较温和，朋友也会比较多。然而，由于其他方面的能力不足，尤其是自信心和情绪调控的能力不足，他们内心的困扰会更多。如果能够尽早重视这一点，把引发和促使抽动症状波动的心理因素尽量减少，那么孩子在管理好自己情绪的同时，抽动症状也会相应减少。

3
抽动症儿童的家庭教育方式调整

从孩子出现抽动症状，到症状减轻，再到症状逐渐加重，家长是非常揪心的。家长意识到孩子患了抽动症往往需要一个过程，家长先是以为孩子搞恶作剧，会极力让孩子不要那么做，后来会以为孩子的眼睛、鼻子、嗓子出问题了，带孩子去医院的各个门诊看病，之后其他科室的医生有可能建议家长带孩子去心理科，看看是不是儿童抽动症，有的孩子的抽动症状持续加重，不得不接受药物治疗。

面对孩子的抽动症状，家长的心情会非常复杂。家长看到孩子的抽动症状，会感到很焦虑，担心孩子的症状越来越重；也会感到心烦，甚至是厌烦。每当孩子的抽动症状发作或又出现新的症状，家长会感到心惊肉跳。什么时候是个头儿？孩子长大了会不会不抽动了？

家长也在寻找原因，到底是什么原因让孩子患上了抽动症？孩子患抽动症的原因非常复杂，家长也尝试了各种各样的方法，最后不得不接受孩子的心理压力对抽动症的病情发生、发展有促进作用这个事实，同时也认识到孩子的抽动症状与家长的心理状态有直接或间接关系，从而去改变家庭养育方式。家长要尽早调整不当的养育方式，才会让孩子避免出现抽动症状，或者即使出现抽动症状，也会尽快缓解和消除，避免加重或迁延不愈。

家长的哪些养育方式容易让孩子患上抽动症？

一、家长要管理好自己的焦虑情绪

抽动症儿童的家长焦虑情绪普遍比较严重，尤其是母亲更容易焦虑，这种性格往往在有孩子之前就是如此，还有的家长不得不服药来控制自己的过度焦虑情绪。家长的这种焦虑情绪对孩子的性格形成也会有一定的影响，可能有遗传的影响，也可能是家长和其他养育者的焦虑情绪相互影响的结果。

所谓的焦虑，就是担忧、担心，在压力比较大的时候，也会形成过度担忧，总是把事情想得很糟糕。在养育孩子的过程中，性格中焦虑特质比较明显的家长就会过度担心孩子。

这些担心会表现在健康方面，如对脏的东西、细菌、卫生等的过度担心，家长会让孩子处处小心谨慎，总是把孩子照顾得无微不至；有的担心是关于各种危险的，家长觉得爬高危险，孩子要小心，家长觉得滑板车危险，孩子会摔倒，家长觉得用剪子会扎到孩子，等等，因此会极力限制孩子的活动；有的担心集中在学习上，如不能让孩子输在起跑线上，担心不早点多学一些知识，孩子就会跟不上，于是在孩子很小时，就给他报很多补习班。孩子每天都疲惫地奔波在各种补习班之间，对自己的学习成绩变得非常敏感。

因此，家长要管理好自己的焦虑情绪，尤其是过度焦虑的情绪。实际上，当孩子没有出现抽动症状时，家长往往没有意识到自身的焦虑状态。有的家长已经感觉到自己容易紧张焦虑，但是不愿意做出改变，也可能是无力做出改变。

二、家长的过于严格的养育方式需要改变

家长对于孩子的各种限制很多，要求孩子必须遵守很多规则。父母可能比较严谨，会给孩子讲很多道理。也可能因为家庭里成员过多，管教孩子的人不断向孩子发出各种指令，当不符合要求时，其就会采取一些惩戒措施，包括肢体上的惩罚及语言上的训斥等。这种养育方式更多的是对孩子的每个细节进行控制，家长对孩子的

掌控欲过强。

在对待孩子哭这件事情时，也会有很多限制，有的家长认为哭是一件不好的事情，一旦孩子哭泣，家长就会批评或训斥孩子。孩子不能自由表达自己的心情，可能会采用压抑自己负面情绪的调控模式。年幼的孩子更需要根据自己的好奇心来自由地探索和表达自己内心的想法。但是当他们被频繁地制止之后，表达的意愿就下降了。

家长对于孩子的这种过于严格的养育方式，可能在孩子很小的时候就已经开始了，但是家长是意识不到的。在孩子表现出明显的抽动症状时，家长才有机会察觉。有的孩子在幼儿早期，抽动症状就逐渐表现出来了。

家长对孩子各方面的要求不能过于严格，如孩子在学习自己吃饭的时候，拿不好勺子，达不到家长的要求，家长需要理解一项技能的养成并不是一蹴而就的。孩子在相应年龄需要表达的想法、需要体验的事物，家长不能过多干涉，对孩子发出的指令也不能太多。

三、家长适当降低期望,让孩子的心情有"疗愈"的机会

每个家长都希望孩子优秀,但是抽动症儿童的家长对于孩子的期望值更高。在孩子成长的道路上,家长会让孩子抓紧一切时间和机会学习各种知识,而且在学习的过程中要求孩子始终保持较好的状态。抽动症儿童非常在意结果,总是担心自己不能取得理想的成绩,也害怕别人比自己强。出现这种问题的主要原因是家长过度在意结果,对孩子所做的努力往往视而不见。

对于幼儿阶段的孩子,家长会给孩子报很多学习班,如绘画班、舞蹈班、钢琴班等。家长从小就希望孩子取得好的成绩,无论哪个方面,都希望孩子能够做到最好。当孩子开始学习知识的时候,家长的期望也会越来越高。四五岁的孩子刚开始学习拼音、字母、汉字、数学,家长就希望孩子能够做得很好。如果孩子的表现达不到预期,家长就会很生气,会让孩子反复练习。因为在他们看来,这些都很简单,为什么孩子就是不"认真"呢?这实际上是因为家长的期望过高。如果不过早地给孩子施加这种压力,家长就会发现,几年之后,这些当年的"难题"变得很简单了。那些超越孩子年龄的强压会让孩子情绪崩溃,注意力受损,严重的会出现抽

动的症状。

在孩子上了学之后，家长对于孩子的高期望更加集中在孩子的成绩上，在孩子的学习成绩的提高方面关注过度。家长关注孩子的各种考试成绩，包括平时作业成绩、补习班的成绩，希望孩子能够名列前茅。这样的高期望也逐渐渗透孩子的自我要求，然而，一方面，他们还是孩子，希望能够有自己的时间随心所欲地玩；另一方面，又担心自己得不到好成绩，完不成父母布置的任务，担心害怕，也会自我谴责。因此，孩子的内心充满了矛盾和冲突。在这种高期望下，家长处于一种越来越焦虑的状态，而孩子也可能会进入不断反抗的状态。

四、家长的完美主义可能会让孩子的抽动症状加重

抽动症儿童的完美主义是比较突出的，就像小碟一样，做事情小心翼翼，谨小慎微，总觉得自己做得不够好。而这样的完美主义和孩子本身的性格有关系，家长的完美主义更会潜移默化地影响孩子的各种观念，包括对自己的看法、对他人和对环境的看法。

完美主义并不是完全有害的，适当的完美主义可以让人把事情做得更好，自己会很有成就感。例如，孩子画一幅画，经过一番努

力，用了很长时间，仔细修改，对最终的作品感到很满意，自己很有成就感。在这个过程中，孩子没有进行自我批评和否定，而是专注于画这幅画本身。

不恰当的完美主义会让心情越来越糟糕，孩子容易发脾气，因为事情总是达不到期望中的样子。完美主义有的是针对自己的，有的是针对别人的。例如，有的父母非常爱干净，每天都很忙，把家里打扫得一尘不染，把物品整理得很整齐。完美主义倾向比较明显的家长，在养育孩子的过程中也会把这种完美主义的思想传递给孩子，如在孩子写作业的过程中，每一项作业都要求字迹非常工整，否则就会严厉批评孩子。家长甚至会撕掉作业本，让孩子重新写，严重的还会体罚孩子，目的是让孩子能够尽快做到完美。但是孩子的反抗也是很强烈的，除了抽动症状，随着孩子年龄的增长，脾气可能也会越来越糟糕。

当孩子出现抽动症状或抽动症状有波动时，家长不能把所有的注意力都放在消除这些动作上，不能以为只要这些动作消失了，孩子的病就好了。家长要意识到，抽动症状的出现实际上意味着家庭养育方式、孩子的心理状态及亲子关系都出现了严重的问题。这些问题可能已经持续很久了，抽动症状是这些问题的"警示信号"，解决好这些问题，才能让孩子的抽动症状得到缓解或真正消失。

第 7 章

多动症儿童的情商培养

父母都希望自己的孩子能够很好地适应学校的生活。父母期望中的孩子的生活是每天开开心心地上学，上课认认真真地听讲，按时完成作业，考试取得好成绩，得到老师的夸奖，有一群好朋友……

然而，对于有些父母来说，这些都是一种美好的奢望，是"别人家的孩子"的生活。而自己家的孩子事实上却是这个样子：早上赖床，不愿意动弹，收拾物品拖拖拉拉，因此，家长的怒吼模式从早上就开启了。孩子在学校状况不断，上课坐不住，小动作多，注意力特别容易分散，和同学打架，乱发脾气，经常被老师批评还是不改……

很多人都认为这是因为家长没有好好管教孩子，不过家长也很委屈。提起自家的"熊孩子"，家长也经常是两眼泪汪汪，有苦说不出。父母对孩子已经进行了严厉管教，也非常重视老师的反馈，打也打了，骂也骂了，可孩子就是我行我素。给孩子讲道理，孩子都明白，孩子每次都许诺要好好改正，但是落到实处就不行了。也有很多家长为此心力交瘁，甚至对孩子的未来感到非常绝望。孩子挺聪明的，好的时候也很懂事，可是经常闯祸，学习成绩也不好。

其实这是孩子的多动症在作怪，这是儿童时期非常常见的一种心理疾病，早些正确治疗，孩子的状态就会非常不一样了。

1
多动症儿童的临床表现

小木今年上三年级，妈妈每天为了小木的事情焦头烂额。有时候妈妈感到有些绝望，想放弃了，可是想到孩子小时候聪明活泼的样子，又觉得不甘心。

小木是爷爷奶奶带大的，爸爸妈妈工作很忙，只有周末有时间带他玩，其他时候都忙于工作，晚上下班回家都很晚了。

小木从小活泼好动，但是有些好动过头了，一刻也停不下来。他的话很多，即使没人和他玩，他嘴里也会没完没了地嘟囔，如最喜欢的动画片中的话。爷爷奶奶都夸他聪明，但是管不住他，总是训斥他，让他消停一会儿。但是爷爷奶奶很溺爱小木，他要什么就给什么，尤其是爷爷，对小木的要求总是无条件满足。奶奶怕把孩子惯坏了，总是批评小木，有时会唠叨他，有些严厉。小木经常和奶奶对着干，奶奶越不让他做什么，他就偏要做，当发脾气时还会打爷爷奶奶。

　　上幼儿园的时候，小木就表现得与众不同，特别淘气，根本坐不住。刚上小班的时候，大家都能安安静静地坐在小板凳上，可是小木基本上不坐着，一开始满教室转圈跑，也不睡午觉，还去给其他小朋友捣乱，弄得全班都睡不了觉。后来幼儿园专门让一个老师看着小木，别人睡午觉，老师陪着小木在另一个教室里玩玩具。到了中班的时候，小木已经能够坐着听讲了，但是小动作特别多，总是动来动去。老师把他安排在最后一排，也没太管他。虽然小木在班级里比较特殊，但是老师都很喜欢他。如果犯了错误，老师批评他，他也能很快承认错误，老师觉得小木聪明、可爱，对他很包容。有一个老师曾经提到小木可能有多动症，但是家里人都没当回事，觉得小木就是淘气一些。玩积木玩具的时候，小木很投入，能玩很长时间，家里人觉得小木太小了，不懂事，长大一些就好了。

　　可上了小学之后，小木依然没有改变。小学老师不会像幼儿园老师那么包容他了，小木的我行我素使他成了班级里最不受欢迎的人。他不再受到老师的关注，经常因为课堂纪律问题被老师批评。他上课不听讲，经常接话茬，和身边的同学乱说话，上着课就跑出教室。当老师批评他时，他也笑嘻嘻的，一点都不在乎。老师罚他重写，他根本就不动笔，老师让他快点写，他还冲老师吐口水。

从上小学开始，老师的投诉电话就没停过，虽然小木没惹大事，但是小状况不断。妈妈感觉小木的情况有些控制不住了，后来就决定辞职，在家给他辅导功课，管教他一段时间，于是就把小木从爷爷奶奶家接回来。但是，没想到妈妈快被小木气疯了，特别是在学习方面，小木一直对学习漫不经心，写作业对于小木来说是每天的噩梦。爸爸妈妈轮流看着他写作业，他还能快一些，但也总是磨磨蹭蹭的；如果没人看着他写作业，稍不留神他就去玩了。小木写字歪歪扭扭，每天因为写字潦草被妈妈训斥。爸爸工作很忙，偶尔回来看到小木那么不认真地写作业，气不打一处来，有时辅导小木写作业，他会气得打孩子一顿。但是小木的字还是不好看，平时测验成绩总是刚过及格线，最好的成绩是良。尽管如此，小木每天对什么事情都毫不在意。妈妈很是发愁小木的学习成绩，就给他报了数学、语文、英语补习班，期待小木的学习成绩能有所提高。

小木勉强度过一年级，到了二年级也没有好转。到了三年级，小木的学习成绩更加糟糕了，妈妈每天都要因为写作业、学校纪律的事情对小木大吼大叫，爸爸见到小木总是一副很嫌弃的样子，父子俩的关系越来越差了。自从三年级之后，小木的脾气变大了，爸爸打他，他竟然和爸爸对打了起来。小木依然不喜欢学习，虽然每天去学校，但是什么课都不听，有时候自己跑出去玩，老师和同学到处找他。他不像从前那样笑嘻嘻的了，和同学打了几次架，有一次老师不得不让他停课一周，回家反省。

三年级之后，小木总说自己太笨了，什么都学不会。他有几次半夜从噩梦中惊醒，哭了半宿，妈妈怎么劝都不行。平时喜欢的玩具，小木也不怎么玩了，还经常问妈妈："人为什么要活着？""人死了是什么感觉？""妈妈，你以后也会死吗？"妈妈听了很害怕，觉得小木可能有心理问题了。

妈妈带小木去了医院，小木被诊断为多动症，医生开了治疗的药物让小木服用。一开始，服药有些用，小木注意力能集中一些，但是小木胃口不太好，瘦了许多，而且过了一阵子又回到了以前的样子。妈妈怕影响孩子的生长发育，就没敢再让小木吃药。

多动症，又称注意缺陷与多动障碍，是儿童和青少年中最常见的一种心理障碍，也是一种神经心理发育性障碍，会给患儿的生活和学习带来非常多的困扰。这些困扰可能会发生在家庭、学校和公共场所，患儿会表现出与年龄不符的注意力不集中问题，如难以持久保持注意力，动作过多、容易冲动，难以适应学校，严重影响学习成绩、同伴关系。

儿童、青少年患多动症并不只是因为注意力有缺陷，而是存在多种心理障碍共病的情况，包括对立违抗、品行障碍、情绪障碍、强迫症及抑郁症等心理疾病，在成年之后还可能有人格上的障碍。

很多家长对于多动症不了解，也有的家长对于多动症的理解仅限于孩子动作多，停不下来，而对这种疾病的其他方面知之甚少。也有很多家长以为孩子患多动症是因为年龄小、不懂事，长大就好了，也有的家长可能会认为需要教训教训孩子才行。如果方法不得当，孩子的状态则会越来越糟。

多动症儿童的主要临床表现是注意力缺陷，这是认知功能上的一个缺陷，这会使孩子在学习上出现不同程度的困难，而这种困难会在负面情绪的影响下加重，同时行为问题也会增加。多动症儿童成绩不理想，有的在智商测试中的分数比较低，但较低的智商测试分数并不代表孩子真实的智力水平，而是由多动症状的相关问题导致的。在多动症状得到缓解、情商能力得到提高之后，一些多动症儿童的成绩能够提高。

一、儿童多动症的核心特征是注意力缺陷

有的家长认为孩子如果注意力有缺陷，那么做任何事情都无法集中注意力。而实际上，多动症儿童的注意力缺陷的表现更多集中在他不感兴趣的事情、觉得没意义的事情、需要付出努力的事情上。小木的家长一开始没有觉得小木有多动症，因为他在玩积木的时候很专注，在其他小朋友午睡时能安静地和老师一起剪纸、看绘本。

多动症儿童玩玩具或者看自己喜欢的书的时候很专注,但是上课听讲、写作业就很困难了,遇到有难度的任务、枯燥的事情就会很抗拒,如写作业注意力不集中,特别是那些需要重复练习的任务,对他们的注意力的挑战就非常大。

在学校里,如果遇到那些需要他们听从指令、付出努力的任务,他们的注意力缺陷的问题就更明显了。他们无法注意到学习或其他任务中的细节,所以,在写作业、考试的时候丢三落四,简单的题目会做错,难度大的题目反而能做出来。

在面对学习任务或需要听指令的任务时,他们无法集中注意力,即使强迫他们去做,也坚持不了多长时间,注意力很快就被其他"好玩"的东西吸引了。因此,他们会在写作业的时候边写边玩,听课的时候不能认真听讲,平时容易丢三落四,经常遗失玩具、学习用具,忘记日常的活动安排,甚至忘记老师布置的家庭作业,也会经常被批评,学习上的自信心会受到严重的打击。由于不能持续完成任务,他们经常有意地回避任务,不愿意完成耗时长、需要持续集中精力的任务,如课堂作业或家庭作业,做事拖拉,不能按时完成作业或指定的任务。

二、行为上的多动和冲动

小木在幼儿园时期活动多、坐不住的表现很明显，他在上幼儿园前就特别爱动，而且在教育方式上，两位老人走入两个极端，一方面非常溺爱孩子，另一方面又不断唠叨，这样无法让孩子安静下来，孩子在行为控制方面和规则遵守方面都没有得到培养。上幼儿园、上小学都需要遵守规则，控制自己的行动。小木后来不到处乱跑了，但是坐在教室里也无法停止小动作。小木也无法遵守规则，遵守幼儿园和学校的规则对他来说是非常困难的。

多动症患儿在行为表现上大多和小木的情况类似，在幼儿园阶段，这种多动会表现得更加突出，例如，就像小木一样满教室跑、满操场跑，老师在后面追，他们会跑得更加开心；等到上学了，虽然很少再到处乱跑，但是可能会在课堂上离开座位，下课第一个冲出教室，在走廊里来回跑；在家里表现得坐不住，坐立不安，手脚都不能安静地放在一个地方，总是要找东西。

多动症儿童还会比较冲动，包括行为上的冲动和语言上的冲动。行为上的冲动表现为不考虑后果，他们经常会做出一些危险的动作，如从很高的地方往下跳，骑车速度飞快，冲别人胡乱挥舞棍棒，经常非故意地把别人撞倒；也可能会突然做出和当时情境不相符的一些事情，例如，老师正在讲课，他们突然跑到讲台前要帮老师擦黑板，突然跑出教室说要上厕所，在别人表演时大笑。语言上的冲动表现为不合时宜地说话，比较常见的情况就是总是抢话说，会突然打断别人的话，老师提问的问题没说完，他们就迫不及待地回答，经常接老师的话茬。

他们不愿听指令，不愿意遵守规则，给人一种不听话的感觉。他们的规则感很差，在做游戏、做操、站队等集体活动中经常不遵守规则，甚至经常捣乱。由于冲动，他们非常容易与同伴打斗，造成不同程度的矛盾，或者由于自己很热心，给别人帮倒忙。

三、情绪不稳定

有的多动症儿童的情绪表现像小木一样，看起来无所谓，总是嘻嘻哈哈的，无论受到什么样的批评，都满不在乎，转过头就忘了，继续玩得很开心。实际上，他们是在压抑情绪，一旦达到自己所能承受的极限就会发脾气。有的孩子从小脾气就容易暴躁，做事特别急躁，情绪波动比较大，容易被激惹，甚至控制不了自己的行动而出现摔东西、打人等表现。患儿在一般状态下，焦虑情绪是很严重的，容易紧张、压抑，有的孩子会伴有抽动。他们可能非常急躁，没有耐心，也容易烦躁，不顺心了就放弃，或者搞破坏。他们可能容易感到挫败，在玩耍或学习过程中如果遇到困难或者没做好，就感到很受挫，十分生气。

有的患儿看起来胆子很大，似乎天不怕，地不怕，老师和校长都不怕，但是可能很怕黑，不敢独自睡觉，这说明他们的内心其实很焦虑脆弱。

由于经常被批评，在学校里、同伴间受挫，有的患儿就像小木一样出现了严重的情绪问题，焦虑、抑郁，情绪经常爆发。

四、学习障碍

多动症儿童看起来很聪明，但是，在学习上表现得不聪明，因为在学习上遇到了很多困难。由于注意力不集中，患儿的才智无法发挥出来。他们看起来不爱学习，但是在经过心理状态调整之后，很多患儿表示非常希望能取得好成绩，却无法解决注意力不集中的问题。有的患儿会明确地说"我想不走神儿，可我也没办法呀""看到作业，我就特别烦"。

由于注意力上的缺陷，他们在课堂上的听课效果不好，有的可能会边玩边听，看似没听课，但是一提问都能答对。这种情况往往只出现在小学低年级，到了更高年级，当学习内容的难度更高时，他们的这种学习方式就不再奏效了。也有的患儿在课堂上无法正常听讲，回到家里必须由家长再辅导一遍课程内容。

在写作业的问题上，患儿会感到非常困难，不愿意写作业，一写作业就情绪爆发，完成作业的速度慢，质量较低。有的患儿书写困难、阅读困难，不爱学习，导致学习成绩差，成绩常低于其智力水平所应达到的成绩。他们看起来聪明机灵，但是成绩往往很差。为了提高学习成绩，有的患儿不得不参加很多补习班，成绩才能有所提升，或者保持在及格水平，而这样做的结果就是，他们对学习的厌烦情绪增加。

五、多动症儿童的治疗与未来

多动症儿童需要尽早接受心理治疗，既包括孩子本身的心理状态干预，也包括亲子关系及学校适应等心理状态调整。

以小木为例，他在幼儿园时期已经表现出很多多动症的症状，如坐不住、不遵守规则、不会和小朋友交往。如果在这个时期能够针对这些方面进行情商训练，那么对于他们适应幼儿园的生活和将来小学的生活都是非常有帮助的。大多数家长往往都会以为孩子年纪小、淘气，觉得长大就好了，从而错过了早期干预的机会。把问题留到小学，孩子的压力就更大了。从上小学开始，孩子就要开始完成学习任务了，除了注意力的缺陷问题，其他情绪、行为和同伴交往的问题使孩子适应学校更加困难了。

小木到了三年级之后，由于学习压力增加，其他各个方面的压力也不断增加，他的困扰没有得到有效的解决，逐渐出现了严重的抑郁情绪，不再像以前那样嘻嘻哈哈了，睡眠也受到了很大的干扰。

针对多动症儿童，家长一般的处理方法是压制孩子，或者进行批评、惩罚，这些方法虽然在短时间内可能让孩子变得"听话"一些，然而孩子的坏情绪却在日益增多。有的孩子在坏情绪的影响下变得更加烦躁、暴躁、压抑，对学习没兴趣甚至很反感；有的孩子攻击破坏行为增加，打同学、打父母，这是由于孩子在持续恶化的情况下出现了各种不良的状态。如果早一些采取正确的干预方式，就会让孩子的情绪管理能力得到提升，防止不良后果的出现。

有一个小朋友叫小喜，他的情况和小木很相似，从上幼儿园开始，小喜就不断制造各种麻烦。小喜上幼儿园大班之后，情况变得更糟了，总是攻击小朋友，大家都不和他玩，他就故意去搞破坏，老师不得不经常叫家长把他带回去，回到家小喜会被爸爸教训一顿。后来小喜的父母看到小喜在幼儿园的表现越来越糟糕，也很担心他，马上要上小学了，如果他还是这个样子，学校肯定不会接收他。父母带小喜去医院就诊，医生诊断小喜患了多动症，建议服用西药治疗。可是父母觉得孩子太小，担心药物会有副作用。

于是父母把小喜带来做心理辅导。刚开始，小喜横冲直撞，在教室里见到什么玩具都扔。上了几次课，进行了行为矫正之后，小喜能够坐下来待一会儿，也能和老师讲话了。但是他的表述里都是很不自信的言语，他不愿意尝试有点难度的玩具，很快就放弃，时不时扔玩具。

在帮助小喜控制自己的冲动行为的同时，恢复小喜的自信心是非常重要的内容。当小喜能够逐渐克服自己的自卑心理之后，他逐渐敢尝试克服一些困难了，也不再发脾气打人了。经过一个月左右的调整，小喜可以正常去幼儿园了，老师很高兴，觉得小喜像变了一个人，在幼儿园里安静了许多。小喜又继续接受了一段时间的辅导，解决了在学前班不听讲的问题，后来顺利通过入学面试，成为一名小学生。上小学后，小喜还会时常遇到一些学业、同伴和纪律方面的小困扰，但是随着训练的逐渐深入，小喜注意力不集中的问题也逐渐得到解决。就像父母认为的那样，小喜安静下来的时候挺聪明的，很容易理解新知识，写作业不再是小喜

和父母的烦恼了。

从小木和小喜的不同经历来看,他们的多动症的表现类似,但是他们的结局不太一样。对于多动症儿童来说,如果能在上学之前解决好一些关键的问题,那么之后在学校适应和学习适应上就会顺利很多。要防止孩子的情绪和行为上的问题继续恶化,要让孩子回到正常的轨道上。

对于小学阶段的孩子,在低年级的时候进行心理调整比较好,这个时期的孩子学业压力相对小一些。更多的学业上的困难出现在孩子进入三年级以后,此时学习难度有所增加。到了四五年级,孩子开始进入青春期前的准备过程,情绪会更加不稳定,如果伴随行为紊乱,那么孩子和家长的痛苦就会更多,治疗的难度也会增加。

孩子在情绪和行为问题比较多的时候,用一些提升注意力的药物或调节情绪的药物,可能会有一些帮助。然而,无论用药还是没有用药,家长都需要关注孩子的情绪变化。到了青春期之后,孩子情绪上的压力会很大,焦虑情绪普遍存在,也比较容易伴随强迫症状。这种强迫症状往往不明显,如反复回忆某个细节、反复确认是否有错误,反复背诵,担心没背好,不停地看同一段落等。这在压力大的时候会更明显,如在重大考试前、面临升学压力等。

中学时期孩子的情绪变化比较大，多动症儿童到了这个时期可能会比其他孩子更容易出现情绪上的波动，有的可能突然爆发，产生破坏行为，更容易发脾气，更容易和父母起冲突。这超出了一般的青春期叛逆的范畴，有的孩子情绪低落、压抑，导致厌学。

2

多动症儿童的情绪管理能力培养

多动症儿童的情绪的基础表现是不同的,大概可以分成两种类型:第一种是满不在乎型;第二种是暴脾气型。无论哪种类型,他们情绪上的共同特点是波动较大。他们很容易受外界影响,不能有效地管理好自己的情绪。

一、暴脾气的小焕原来从小就不好惹

妈妈说,小焕从婴儿时期开始就是一个暴脾气的小朋友,非常急躁,一会儿都等不了,稍微晚一会儿就会号啕大哭,一开始哭就停不下来,满脸通红,他的脾气太大了。上幼儿园之后,小焕逐渐不那么爱哭了,但是不合他意,他就会气得大喊大叫,还乱扔东西。能让小焕发脾气的事情实在太多了:拼图拼错了,他就大叫,把拼图都扔掉；没睡醒就被叫起来，他也会大喊大叫；在幼儿园里小朋友没听他的话，就要打小朋友；上课举手老师没叫他，就冲老师扔东西；排队不整齐老师让他站好，他就气得躲起来了。小焕动作非常快，没等老师下指令，他已经迫不及待地去做了，被批评之后有时气得躺在地上打滚。父母觉得小焕每天不是在发脾气就是在准备发脾气。看到小焕这个样子，爸爸妈妈也很生气，有时候也批评、惩罚他，但是怎么也控制不了小焕，不知怎样才能让他不发脾气。父母害怕带小焕出去玩，因为每次他都会乱发脾气，全家只好匆匆地回来。爸爸妈妈觉得小焕在外面这个样子太丢人了，小焕每次都答应出去再也不乱喊乱叫了，可每次都没有改，所以，父母也很少带他出去玩。上一年级之后，小焕的脾气更大了，老师尽量避免惹他，否则他会掀翻班级里所有的桌子，简直就是一个"小火药桶"。在家里写作业的时候，作业本都被他撕了好几本了，原因是字写得不满意，他反复用橡皮擦来擦去，本子破了，他也崩溃了。

在多动症儿童中，脾气暴躁的孩子占很大一部分。在我所辅导的患儿中，近一半儿的患儿会不同程度地发脾气，也就是"易怒"，表现为脾气暴躁，容易为一点小事而生气，容易感到不满。易怒不是儿童多动症的核心症状，但是非常常见，这是因为患儿的情绪调控系统出现了障碍。这种发脾气和暴躁的表现看起来是不恰当的行为，然而，从深层次的心理活动的角度来说，发脾气是一个人内心抑郁、不开心的一种外化的强烈的情绪表现。也就是说，对于多动症儿童而言，越是强烈地发脾气，说明他们的抑郁情绪越严重。他们的行为控制系统还不够完善，破坏、攻击行为会比较明显。然而他们的父母很难从这些紊乱的行为背后理解他们心里真正的情绪感受，只是不断地用惩罚的方式让他们去改掉这种不当的行为方式。

二、暴脾气的小焕可以变得开心一些了

从小焕的暴脾气来看，他一直是一个不开心的小朋友。实际上也是如此，开始的几次情商课上，他有些沉闷，话也不太多，更多时候要么趴在桌子上乱画，要么拿着小汽车在沙盘上来回拨弄沙子，对其他的玩具似乎都不感兴趣。逐渐地，他开始能够问老师问题了，如：这个玩具怎么玩，那个玩具怎么玩。他的心情有所好转，情绪不那么低落了，家长也反映小焕在学校里发脾气的次数减少了，老师没怎么给他们打电话。虽然在家里写作业的时候小焕还是不太情愿，但是不大吵大闹的小焕已经让父母感觉好多了。接下来的课程要帮助小焕正确地表达自己的各种情绪，例如，在不开心时，分析为什么不开心，如何做才能不那么生气。

从小焕的案例中可以看到，孩子暴躁的情绪是内心抑郁的情绪在作怪。如果任由这种暴躁的情绪不断发展，到了青春期、成年

期，他们患抑郁症的风险就高了很多。这些暴脾气的小朋友需要学会舒缓自己的心情，让自己的心情开心起来。从他们的天生气质特点来说，他们的脾气是非常急躁的，没有耐心，也不愿意等待，这是导致他们情绪暴躁的原因之一。急躁、没有耐心使他们不愿意等待，动作过快，无法考虑到后果。对于家长来说，让孩子变得有耐心、不那么急躁是非常困难的，等到患儿的耐心程度提高，他们闯祸、不计后果的情况也会减少，那么被批评惩罚的情况自然也会减少很多。

从儿童心理发展的角度来看，幼儿期的易怒和暴脾气预示着孩子至少在学龄期情绪调控能力会受到损害。从家庭教育的角度来讲，如果孩子婴幼儿时期易怒，就在提示家长要迎接一场艰巨的"挑战"。父母要采取正确的方式帮助孩子处理这种易怒情绪，当这些多动症患儿发脾气的时候，父母暂时要冷静，平静地陪伴孩子，而不是在孩子发脾气的时候给他讲道理。在这样的正确养育的情况下，孩子的大脑功能也逐渐发育完善，情绪的自我调节能力也会增强，从学龄前到学龄期的易怒表现会逐渐减少，抑制情绪爆发的能力增强。

然而在这个过程中，家长和孩子的易怒情绪"过招"是非常艰难的，家长经常被孩子的暴脾气折磨，导致自己的脾气也很糟糕。其实，在暴脾气孩子的身后，可能站着急躁、焦虑的父母。要想帮助孩子管理好自己的情绪，父母对自己情绪的管理是非常重要的。

三、嘻嘻哈哈的小木真的什么都不在乎吗？

小木总是嘻嘻哈哈的，被训斥了也像没听见一样。他在家里面对奶奶时表现得更加真实一些，会发脾气，和奶奶对抗；而在幼儿园里他却只是笑嘻嘻的，即使把别人惹得很生气了，他还是满不在乎，觉得对方和他一样开心。他的这种表现使别人特别是老师非常生气，大家以为他是故意挑衅。幸亏他在幼儿园时期的老师对他比较包容，而且为了让他不去干扰别人，老师对他特别关注，因此，小木在幼儿园比较适应。但是上了小学，老师变得严厉了，老师不再关注他了，再加上学习上的困难，小木的情绪状态变得更糟糕了。

小木的妈妈感到很奇怪，孩子到了三年级怎么像变了一个人，看起来特别不开心。小木一直是那种什么事都不往心里去的孩子，但是现在好像变得敏感了，心里好像装了很多不开心的事情，怎么会变成这样呢？

有很多患儿和小木的表现类似，平时看起来没什么事，似乎很多批评都没往心里去。但是，这只是一种假象，他们的"逃避"消极情绪的调控机制一直在起作用，以此避免让自己的心情很糟糕。

小木表面上嘻嘻哈哈，就像打乒乓球一样，要把坏情绪"拍"走，他就像一个运动员，要不断活跃起来才能保持这样的状态。随着时间的推移，他逐渐长大，受到的批评指责越来越多，他的"逃避"消极情绪的调控机制就失去了作用，他的心情也就变得越来越糟糕。

年龄比较小的时候，小木对别人的情绪感知是迟钝、不敏感的。看到别人生气了，小木没有理解是自己做错了，反而觉得这样做很好玩。小木会有这种表现，有一部分原因是养育方式不当。有的家长在孩子打其他小朋友的时候，给出的反馈是积极的，所以孩子对别人情绪的判断就出现了"故障"，误以为别人喜欢他这么做。

对于多动症儿童来说，认识自己的情绪和表达自己情绪的能力都不太强，而且长期"逃避"的结果是，孩子对负面情绪更加恐惧。因此，对于他们来说，认识和表达负面情绪是情商训练的一项重要内容。他们要想理解别人的情绪，需要经过一个有意识的训练过程，这样他们才能有耐心去体会别人的感受。这些情绪上的能力是他们本身就具备的，但是他们会把这些情绪上的信息无意识地忽略，从而造成很多误会。当这些被忽略的情绪信息被找回来的时候，他们也会相对敏感地捕捉到这些信息，会采取正确的方法去调节情绪。

四、是什么让小木变得不那么开心了？

　　小木的情绪已经从原来的比较开心，逐渐变得压抑，还出现了比较暴躁的情绪，他会反复思考与"死亡"相关的问题。在情商课程中，小木的表达越来越多了：他说自己很笨，什么都做不好；老师不喜欢他，总是训斥他，他也不知道哪里做错了；他很想和同学出去玩，可是没时间；提到爸爸妈妈，他不吱声了，只是小声地嘟囔着"我不知怎么了，总担心他们会死"。没想到看起来什么事都不在乎的小木，内心其实很脆弱、敏感。经过一段时间的情绪调整之后，小木睡眠好了很多，关于死亡的问题也基本上不说了。在小木的情商训练过程中，他的父母也了解了孩子的想法，会尽量用相对平和一些的教养方式。如果小木做得太过分了，父母也会严厉批评他，但他们学会了批评的时候就事论事，尽量不打击孩子的自尊心。小木的情绪表达增多了，父母也更理解孩子了。小木对待学习积极了一些，不那么抗拒了。让父母感到高兴的是，小木的考试成绩在一点点地提高，于是他们把那些补习班都退了，周末给小木留一点出去玩的时间。

很多家长都会觉得孩子那么小,平时看起来挺开心的,怎么可能有烦恼呢?尤其是多动症儿童,他们每天都蹦蹦跳跳、忙忙碌碌,总是一副闲不住的样子,怎么会有烦恼呢?

然而,事实与家长所想的正好相反,孩子心中也会有很多的烦恼,这些负面的情绪需要及时进行疏导。而这个疏导的过程,有利于孩子表达自己的真实情感。但是,有一点,要想提升孩子的情绪管理能力,首先要让孩子能够表达自己的真实感受。在课程中,随着孩子逐渐把负面情绪表达出来,家人会发现孩子很多时候也能变得沉稳安静一些,因为孩子感受到自己被理解了。

然而,多动症儿童的情绪管理能力的不足不仅局限于情绪表达,还有很多方面需要提升。很多多动症儿童在情绪反应的不同维度上也存在不足,例如,不能正确理解别人的情绪,特别是对别人的消极情绪不能敏锐捕捉或进行理性的理解,从而导致在人际交往时产生很多矛盾。他们需要学会控制自己的过度兴奋情绪,在人多的场合,他们需要学会让自己情绪的兴奋程度保持在一个适当的范围内,控制住过度兴奋,这样就不会出现很多不必要的麻烦。

五、那些让孩子情绪变得糟糕的养育方式家长要尽量避免

多动症儿童的情绪管理是一项非常重要的内容，然而这并不容易。以下教养方式会让孩子的情绪越来越糟糕，家长要尽量避免。

（1）当孩子暴躁的时候，家长和孩子一起暴躁，甚至比孩子更加暴躁。家长往往觉得孩子脾气太大是由于不怕权威、无所畏惧，因此，会选择用更加暴力的方式来给孩子树立威严。然而，经过一番努力，家长发现这样管教的结果是孩子的情绪更加暴躁。家长要做的不是让孩子学会"怕"，而是让孩子学会平复情绪，体会情绪逐渐平复下来的感受，在这个过程中，家长保持冷静是非常重要的。

（2）由于多动症儿童比较容易被新奇的事物所吸引而感到兴奋，因此他们比较看重奖励，尤其是物质奖励。如果过度使用奖励来激励，反而会使孩子过分重视奖励。当孩子做不到的时候，非常容易受挫、易怒，情绪崩溃。

（3）过于依赖于用分散注意力的方式来防止孩子发脾气或哭泣，家长会不断用一些孩子感兴趣的玩具或动画片来转移孩子的注意力，从而让孩子忘掉令他难过的事情。这种方法虽然可以暂时

让孩子的情绪不那么糟糕，但是久而久之，孩子就更加难以面对自己的负面情绪。因此，当孩子发脾气或哭泣的时候，家长可以在旁边陪伴，让孩子和自己的坏情绪共同存在一会儿，而不是和孩子对立，这样，孩子的坏情绪会逐渐减少，甚至消失。

（4）过度指责孩子，觉得孩子一无是处。每天只看到孩子的缺点，批评指责是家常便饭，看不到孩子的优点。孩子的内心非常自卑，情绪也不好，当压力过大时，抑郁的心境会让孩子的脾气更加暴躁。家长要寻找孩子的优点，哪怕一点点，把这些小优点放大，因为这些优点都是一个个小的闪光点，闪光点多了就会汇聚成光束照亮周围。孩子如果自信了，那么就更容易减少自己的坏情绪。

3
多动症儿童的注意力与学习能力

  虽然很多父母都说，希望孩子快乐就好，学习成绩不重要。然而，这往往只是说说而已，孩子的快乐与否一直都和成绩相关。难道是父母的观念被世俗扭曲了吗？从我多年的儿童情商培养经验来看，学习成绩虽然不能代表孩子的一切，但是学习本身也是情商能力的一部分，不仅是看书识字，还包括很多实践方面的学习，也就是说，更重要的是培养孩子学习的兴趣和学习的能力。通过学习，孩子才能获得更多本领。但是，对于多动症儿童来说，学习本身就是一件非常痛苦的事情，这种痛苦会引发很多问题。他们的智力测验的结果大多不太好，但是平时看起来智力没问题。对于多动症儿童来说，他们的注意力缺陷给学习本身造成了非常大的障碍，他们在智力测验这种需要保持注意力的任务中无法集中注意力，导致智力测验的得分比较低。

到底是孩子的疾病导致他们无法正常学习，还是有其他原因？我们必须找到问题所在，找到正确帮助孩子提升学习能力的方法。

一、做了大量注意力训练，可是孩子的注意力怎么还是不集中？

小柠是一个比较活泼的小朋友，今年上四年级了，无论大考还是小考，成绩总是班级倒数。父母很着急，因为他上课的时候总是注意力不集中，写作业也一直需要父母看着。一年前，父母带他去医院诊断过了，小柠患有多动症。后来他们就带孩子去做注意力训练了，可是训练了一年，训练难度也在增加，孩子的注意力还是无法集中。四年级的学习难度又增加了，小柠开始抗拒写作业了，回家也不做注意力训练，父母劝了他很久，他才去参加学校的考试。

很多注意力有缺陷的孩子接受单纯的注意力训练，从简单任务逐渐过渡到难度较大的任务。家长发现，一开始在任务比较简单时，孩子喜欢去完成，感觉很有意思。但随着难度增大，孩子的挫败感增加，他们会对这些训练很抗拒。再加上如果父母对孩子采取过于强制的方式，孩子反而会对训练更加厌烦，失去信心。

学习是一种综合能力，受很多因素的影响。所谓注意力缺陷，就是在完成学习任务时，孩子需要付出更多的努力才能保持一定程度的注意力。孩子是否愿意付出努力取决于情绪状态，对学习的态度，以及对学习这件事的信念。

孩子的注意力缺陷使得他们容易处于烦躁、焦虑的情绪状态，这种情绪导致他们没有耐心去学习、听讲和写作业。随着学业难度的增加，孩子在学习上的挫败感越来越强烈，他们的情绪越来越糟糕。这些负面情绪越强烈，对注意力的损害也就越大。这是一个恶性循环，忽略了情绪的因素，单纯地进行注意力训练是无法提升注意力的。在这个过程中，孩子对学习的态度越来越消极，他们抱怨"学习太难了""我想玩，不想学习""无论我怎么努力都学不会"。

父母很着急，如何才能让小柠好好学习、认真听讲、完成作业呢？父母和小柠说得最多的就是学习、写作业，现在无论父母怎么说，小柠都表现出"你说你的，我玩我的"这样一种无所谓的态度。在评估的过程中，他的情绪状态很不好，提到学习就非常反感，甚至直接打岔。我要求他用笔完成任务，他会直接拒绝；让他画画，他说："我不会画画。"让他做划消任务，他说："我天天做注意力训练，没意思，我不做。"对于自己的学习成绩则闭口不谈，只说自己想每天都不上学，想在家里玩。小柠对待学习的态度是非常消极的，对抗情绪很严重。

经过一段时间，当情绪舒缓后，小柠对待学习的消极情绪才有所缓解，他在学校和家里的学习状态开始有了一些改善。

注意力容易分散的孩子，容易出现消极情绪，只有这些消极情绪缓解了，积极情绪增加了，孩子才可能有信心去应对学习任务。孩子的心情变好了，才能逐渐对学习有兴趣。没有学习的动机，任何强制的方式都不会对孩子的学习有帮助。

二、孩子总是记不住生字和单词，真的是因为记忆力不好吗？

妈妈不明白，为什么小葵总是记不住生字，英语单词更别说了，明明是很简单的生字和单词，他反复练习了很多次仍然记不住。现在都三年级了，语文成绩和英语成绩总是提不上来。每天记生字、记单词就要占据很多时间，刚听写完的生字，过半个小时再听写，他还会错；背英语单词经常背错顺序，小葵也非常不愿意写单词，总是拖很久才开始写。每次考试的前几天，妈妈都要带着小葵反反复复地复习20遍生字、单词，当时他能记住，但第二天考试的时候全都忘了。妈妈经常因为小葵记不住生字的事情冲他大吼大叫，可情况还是没有好转。妈妈觉得小葵的记忆力不太好，于是就给他报了训练记忆力的课程，课堂上小葵能记住很多内容，妈妈感觉有希望了，可是回到日常学习上，他还是老样子。有几次，小葵背单词的时候突然哭了起来，妈妈问他怎么了，他说："我不知道该用哪种方法背才好，我脑子都乱了！我什么都记不住了！"

多动症儿童在学习过程中会遇到很多困难，由于注意力不集中，影响短时记忆，导致他们在记单词、生字的时候比较困难，仿佛记忆力不好。但如果让他们复述一下某个游戏的攻略，他们会很清楚地讲出来，尽管他们只看过一遍。之所以会出现这样的情况，是由于孩子的注意力受兴趣的影响很大，有兴趣了，就能记得住。而像单词、生字这些枯燥的内容，很难引起他们的兴趣，他们只是被动地按照家长的要求去做，简单来说是为了应付家长，因为害怕被训斥。在背生字、单词的过程中，他们所投入的注意力很少，当父母冲他们吼叫的时候，投入的注意力就更少了。再加上他们已经被贴上了"记忆力不好"的标签，他们内心已经不想为此再付出努力了，或者说他们对自己已经很失望了。

如何才能让孩子对生字、单词感兴趣呢？家长在应对孩子记不住生字、单词的问题上，普遍采取的方法是"围追堵截""穷追不舍"。小葵的妈妈，每天坚持不懈地盯着孩子记生字、背单词，孩子学了很多别人教的方法，始终没有自己的方法，孩子不愿去记这些东西。从心理学的角度来说，除了感兴趣，通过反复记忆和练习，短时记忆的内容才能进入长时记忆系统中。这种反复的练习，需要孩子提升自己的主动性，而孩子的主动性来自成就感和信心。因此，在孩子记忆生字和单词的过程中，要不断鼓励孩子的每一点进步，增加孩子对记忆生字、单词的信心。要鼓励孩子多复习几次记忆过的内容，因为如果不及时复习就很容易忘，所以，要鼓励孩子多复习几遍。还可以让孩子在阅读课文的时候找出刚才记忆过的内容，等等。父母可以和孩子讨论如何做有助于记住生字和单词，要让孩子表达自己的看法，因为每个人学习和记忆的方式不同，所以要让孩子思考适合自己的方法。例如，妈妈认为记每个生字和单词，要写20遍才可以，但是孩子觉得没有这个必要，他觉得写两遍就可以，等第二天早上再写两遍，或者考试前临时再看一眼即可。父母要鼓励孩子用自己的方法多尝试和思考，进行改进。

三、学习上的小错误不断，怎么纠正都不改！

可可是班级里的捣乱分子，经常被老师批评。上课的时候不好好听讲，一二年级的时候，老师还会管教他，让他上课认真听讲，有时也故意提问他，让他跟上老师讲课的节奏，但是如果老师不看着，他就走神儿干别的去了。回家后，可可需要家长盯着写作业，有不会的内容还需要家长辅导一遍。在辅导可可的时候家长也经常生气，每天妈妈和爸爸轮流看着可可写作业，陪他写作业是让父母非常头疼的事情，不是父母冲可可喊叫，就是可可不会写，情绪崩溃，大哭一阵。

可可学习上各种状况不断，父母也在不断帮他改正这些毛病。例如，可可的握笔姿势从开始学写字的时候就不正确，怎么说他、训他都改不过来；写字笔顺经常是反的，写出来的字也是歪歪扭扭的，更气人的是，他写字经常要么多一笔，要么少一笔；拼音也会弄反，b和d、p和q等分不清；在写数学作业时，3和8、2和5、6和9等经常弄错；在读课文的时候，丢字、落字、跳行，等等。为了让可可能够改正，父母天天带着孩子做练习，可可却总是心不在焉，这些毛病一直也没改过来。可可在写作业的时候小动作不断，一会儿抠抠橡皮，一会儿出去上个厕所，一会儿还要和陪他写作业的妈妈聊会天，写字特别用力，写得也慢，再加上其他事情，写作业就像万里长征。只要让他写作业，父母就得不停地帮他纠正各种错误，催促声、训斥声不断。

三年级之后，换了两个班主任，新老师对学生比较严厉，可可觉得新老师不如之前的老师好，于是上课更加不认真听讲了，每天的作业几乎全都不会写，家长需要重新给他讲一遍上课讲过的内容，讲完了，他还是不会写作业。现在可可五年级了，每天写作业都要折腾到半夜，第二天又起不来。妈妈每次辅导可可写作业都要歇斯底里地冲他喊叫，因为只有这样才能让他动笔写作业，否则他就拒绝写字，有时坐在课桌前使劲敲自己的脑袋，还会拔头发。

父母虽然训斥可可，但是心里觉得孩子平时玩的时候挺机灵的，不像是笨孩子，如果孩子因为智力有问题才学不会，他们也就不这么生气了，可是他的智力明明没问题。后来，父母带可可去医院检查，结果显示可可患了多动症。医生开了药，可可吃了一段时间的药，感觉有些效果，但是后来没什么作用了。

多动症儿童在学习上会遇到很多困难，会出现学习障碍。可可在学习的时候出现各种问题，经常在书写、阅读、不同学科的学习中面临困难。这些困难一部分是由注意力缺陷引起的，另一部分是由神经发育不完善所呈现出的视知觉、知觉—运动整合能力的障碍引起的。这些问题并不是多动症儿童所独有的，而是儿童生长发育过程中神经系统发育不完善的一个阶段性表现，有的孩子表现不突出，有的孩子表现突出，表现突出，可能是因为家长过于追求完美。

可可在学前班时握笔姿势不正确，父母就开始纠正他。后来，他在学习上不断出现各种小问题，父母采取的措施是不断纠正他的小错误，同时也打消了他改正错误的信心，他放弃了努力。因为可可感觉，无论自己怎么改正，错误还在那里，不会有什么变化。因此，他逐渐产生学习上的"习得性无助感"，这种无助感是在不断被纠正、被批评指责中形成的。

很多家长和可可的家长一样，为了孩子学习上的小错误而焦虑不已，盯着孩子的这些小错误，不断进行纠正。如果孩子的握笔姿势不标准，在孩子开始学习握笔姿势阶段没有得到纠正，那么建议家长之后就不要再关注这个问题了，因为这是孩子的手形、肌肉力量所决定的，孩子选择的握笔姿势应该是他感觉最舒服的姿势。这和左利手的人用左手写字最舒适，让他用右手写字就写不出来的道理是一样的。

对于不容易区分的字母、汉字、数字等，要根据孩子本身的能力，让他反复进行多方面的练习。有的孩子练习几次就能很好地区分了，有的孩子需要坚持一段时间才能见到效果，而且家长的心态是一个很重要的因素。家长不能急躁，应尽量表现得不着急，同时也要鼓励孩子不着急，让孩子对改正学习上的小错误有信心。当然，家长也可以用温和的方式帮孩子指出错误，接下来就是要鼓励孩子耐下心来想一想，给他一点时间，往往在耐心检查的时候，孩子自己发现了问题就会自动改正，此时要求孩子的情绪状态是积极的。

四、方法要得当，才能让本该优秀的孩子真正施展才华！

很多多动症儿童其实智商并不低，就像可可父母认为的那样，孩子除了学习，其他时候表现得都很机灵，因此他们不断纠正孩子的各种学习问题，不能接受孩子在学习过程中的瑕疵。然而，家长急躁的心情和不恰当的方法使得原本比较聪明的孩子在学习中不断受挫。

小嘟上二年级了，来教室的时候看起来很沮丧，说话也表达不清楚，做事心不在焉，很烦躁，经常跑出教室。他在学校的上课表现不太好，不听讲，总是走神儿，写作业的时候三心二意，拖拖拉拉，如果父母不看着，他就会犯很多低级的错误。像写错字、读错、算错等，这些在父母看来都是不应该出现的错误，但是小嘟却反反复复地犯。妈妈气不打一处来，每天都纠正他的错误，他每天依然会犯错。小嘟的成绩非常不好，连测试卷子都不做。

妈妈是个急性子，爱着急，对孩子有很多要求，让我尽快帮小嘟进入能好好学习的状态。后来我让小嘟妈妈加入课程，尽量引导妈妈参与到小嘟的活动中，让她慢慢地理解孩子。终于，小嘟的心情变得不那么烦躁了，妈妈也逐渐转变了观念，对孩子的指责少了一些。有一次，小嘟还疑惑地问："妈妈，你好像变了！"

让妈妈感到高兴的是，小嘟在期中考试中，成绩竟然从原来的不及格提高到了八十多分，虽然在班级里排名很靠后，但是妈妈终于看到了希望。小嘟自己也有了信心，写作业比原来主动一些了，也不用妈妈像原来那样紧盯着。妈妈偶尔给他指出作业上的错误，他也不烦了，直接就改了。

多动症儿童的学习能力需要提升，虽然他们的这项能力比其他孩子弱一些，但这并不是说他们将来成绩会一直不好，外界的正确帮助能让他们渡过这个难关。

然而，在孩子遇到学习困难时，很多家长只是着急有余，耐心不足，导致问题更加严重。因此，要帮助孩子克服学习障碍，家长要先平复自身的情绪，尽量保持平静，耐心地帮助孩子，当然这是比较困难的事情。孩子需要多加练习，在状态比较积极的基础上，激发出自身想要改变的动机，这样才可能发生改变。多加练习并不意味着每天都要进行枯燥无聊的练习，而是要进行形式多样、有趣、激发孩子内在动力的练习。

在日常的亲子互动中，可以让孩子多进行语言表达，家长也要多倾听孩子的表达。孩子常常说话没有重点，滔滔不绝地说自己感兴趣的内容，家长可以提与孩子说的内容相关的问题，帮助孩子提取重点。例如，问孩子某个故事中人物的各自特点、某个人物的心情、后来发生什么了。在回答家长问题的过程中，孩子也会集中一部分注意力，认真思考这些问题。

家长可以尝试和孩子共同阅读他感兴趣的书籍，如笑话书、脑筋急转弯书、漫画书等，这些书籍可以让孩子自己挑选。在共同阅读的过程中，可以试着让孩子朗读阅读材料中的内容，家长可以和孩子共同朗读，家长读一段，孩子接着读一段。在这个共同阅读的过程中，家长要鼓励和支持孩子，而不是监督孩子，不能进行过多的提醒和纠正。家长和孩子可以在阅读之后共同讨论其中有趣的内容。如果孩子不愿意讲述，家长可以做示范，给孩子讲述阅读材料中的内容、事情的发展经过，让孩子提一些问题，家长先发表观点，然后听听孩子对自己发表的观点有什么看法。这样，可以加强孩子的语言表达能力，提高文字字面理解能力，提升阅读兴趣，让孩子更好地认识文字、区分容易混淆的文字。

对于书写有困难的孩子，家长一定不要频繁地给孩子指出错误，而是要鼓励孩子自己去检查。如果一开始孩子不愿意自己检查，那么可以在老师批改作业之后，家长耐心地和孩子共同探讨错误的原因。这时家长不要太纠结结果，因为孩子克服书写困难需要一个循序渐进的过程，需要孩子有面对错误的勇气。当孩子对自己出现的书写错误懊恼、发脾气或逃避的时候，家长应先安慰孩子，再鼓励孩子，认可孩子的进步，让孩子逐渐克服困难。

4
多动症儿童的同伴关系培养

多动症儿童要面对的困难不仅仅是学习上的，还有同伴交往方面的，大部分多动症儿童缺乏和同伴互动的技巧。有的患儿这方面的困难从幼儿园时期就很明显了，有的患儿在小学阶段才产生困难，这会影响他们融入集体。

一、学校里的"小霸王"，其实很害羞

虽然小鲁刚刚上一年级两个月，但是已经是年级里出了名的"小霸王"。自从上了一年级之后，妈妈几乎每周都被老师叫到学校，因为小鲁总是动不动就发脾气、打同学、大叫，上课不注意听讲，还大声唱歌，老师批评他，他也满不在乎。犯了错，老师严厉地批评他，他就和老师顶嘴，甚至还踢打老师，天不怕地不怕。同

学不小心碰了他，他马上就动手打人。他几乎把班级里的男同学都打过一遍了，没有一个人想和他玩。有一天，妈妈被老师叫到学校，她经过小鲁的班级门口，正好下课，小鲁在班级门口独自蹦来蹦去。妈妈叫小鲁停下，给他擦汗，结果围上来很多小朋友向她控诉小鲁的各种"罪行"，小鲁很生气，挥起拳头要打同学。

妈妈带小鲁来上情商课，表示这孩子胆子太大，天不怕地不怕，希望他能收敛一些，对老师要有所畏惧。家长也很奇怪，为什么小鲁有这么大的胆子？

可是，当小鲁第一次来到沙盘教室的时候，他却表现得非常胆怯：他并不像在学校那样什么都不怕，对新环境感到非常恐惧，一定要让妈妈陪着才敢进教室，否则他就坐在大厅里拿着一本漫画书低头看，谁也不理。进教室的时候，他拿着那本漫画书不放手，妈妈反复劝说了好一会儿，他才放下书，话也很少。到了第二次来上课时，他才能够自己进教室，放松了一些，但是话还是不太多。继续上了几次课，小鲁才开始展现非常活跃的一面。在进行活动的时候，一旦出错，他就会问："老师，你看我是不是很笨？""老师，我不想写字，你看我是不是很懒！""我就是个坏孩子！""我没朋友，没人想和我玩。"可以看出，这个"小霸王"其实内心的"怕"是很多的，对新环境适应很慢，是一个很害羞、不自信的孩子。

老师、父母都不了解小鲁，他对环境不适应、和小朋友相处缺乏技巧，一言不合就和别人动手，而不是去沟通。在老师面前他把自己的"怕"转化为攻击老师，这些表现都非常影响他在老师和同学心目中的印象，而他自己也不断在批评声中越来越"怕"。

有些多动症儿童在学校里不断闯祸，和同学打架，攻击性很强，同学不得不离他们远远的。而实际上他们心里很孤独，想和同学一起玩，但是由于和同伴交往的能力比较弱，他们感到别人对自己都是有敌意的，他们非常需要学习一些与同伴交往的技巧。

父母要给予孩子支持，经常和孩子探讨在和同学遇到矛盾的时候，可以采用哪些方法来解决。家长可以给孩子提供几种方式，让孩子来选择。

二、太以自我为中心的孩子没朋友？

小明已经上四年级了，可是父母感觉他仍然非常任性，特别是在和小朋友玩的时候，经常一开始很高兴，但是玩着玩着就会吵起来，别的小朋友说不想再和他玩了。父母经常批评小明，当小明和别人玩时，他总让小朋友听自己的，他来制定规则，不然谁都玩不了。凡是有自己的想法的小朋友就找别人玩去了，只有一个脾气特别好的邻居家的小朋友能和他一起玩，可是那个孩子刚上一年级，父母觉得小明应该多和同龄的小朋友玩。由于别人都不听他的，小明只能在小区里找一群比他小的孩子玩。父母感觉小明心智太低了，比同龄孩子落后了一大截。

在课堂上，小明在和我玩游戏的时候表现得很兴奋，他非常积极地挑选玩具，制定游戏规则，把玩具的说明书扔在一边，自顾自地介绍游戏规则，这些规则都是他自己随意定的。我告诉他，规则好像不是这样的，他却说："就是这么玩的，我先开始了！"玩了一会儿眼看他要输了，他却马上改变规则，"我想起来了，遇到这种情况应该这么走"，很快，他就实施了他的新规则。如果是和小朋友这样一起玩，双方没准就争吵起来了。

父母一直很担心，小明过分任性，会没有朋友。的确，小明在学校里很孤单，没有同学喜欢和他玩，小的时候一起玩的好朋友后来逐渐都不和他玩了。有一次放学，爸爸看到几个男同学冲小明做鬼脸，之后就嘻嘻哈哈地跑开了，小明假装没看见。

小明的控制欲过强，希望任何事情都在他的掌控中，他很难忍受"失控"的感觉。他的这种行为，除了先天原因，也有可能因为他长期"被控制"。小明的"被控制"的感受主要来自父母，有的来自父母不停地催促、唠叨、指责；有的来自父母的过度安排，包括学习上、生活上的各种安排；有的来自父母的过高要求，如参加比赛一定要取得第一名，一定要考进全市最好的中学。这些都加深了小明想去控制别人的想法，同时他又感到非常不安。

经过两个月的情商辅导，小明已经可以和同学一起玩了，当对游戏规则有不同意见的时候，在和同学商量后，他能够听从同学的想法了。可是父母又有些担心了：小明以后会不会变成一个没主见的孩子，只能听别人安排？可见，小明的父母心中也有对"失控"的恐惧。在后来的情商辅导过程中，随着课程的深入，小明父母的担心逐渐打消了。小明知道了在何种情况下可以发表自己的观点，在何种情况下可以听从同学、老师、家长的建议。

三、为何热心肠却难以得到理解？

小格上五年级了，可是她却越来越不开心，因为她的朋友不知什么原因都不理她了，好朋友越来越少。其实在妈妈看来，他们都算不上小格的真正的朋友，但由于小格怕失去他们而不断去听从、讨好他们。小格感到越来越不开心了，妈妈以为她的学习压力有些大，于是把补习班减掉了几个。以前小格也说过不想上补习班了，妈妈当时没同意，让她继续上。这次，妈妈主动提出减少补习班，小格却开始犹豫了，她担心如果不去补习班，学习成绩会下降，老师会更不喜欢她,她就更没有朋友了。妈妈劝她,补了这么长时间,补习和不补习成绩差不了多少。但是小格仍然不放心,她的成绩不好,总是八十多分,特别是数学,学起来很困难。

小格从小就是一个活泼好动的女孩子,总是跑来跑去,坐不住。刚上一年级的时候她很不适应,有时会忘了在上课,下座位去捡地上的东西。她看到后面同学的橡皮掉到地上了,就要帮着捡起来;她转过身和后桌同学说话,要帮同学把课本翻到老师要求的那一页;小组的同学收作业本,她上去推开同学,把作业本抢过来,却不小心掉到地上了……结果小格因这些帮倒忙的行为经常被老师批评。

上了二年级,小格下座位的情况几乎没有了,但是坐在座位上她的小动作很多,上课不能专注地听讲。上二年级后,小格终于有一个比较固定的好朋友了,名叫小美。小格每天都很开心地主动找小美玩,一开始父母觉得很高兴,小格终于有自己的好朋友了,她学会了如何去交朋友了。

后来上了四年级,有一次妈妈接小格放学,妈妈看见小格追着小美递东西,一再被小美拒绝,最后东西还被小美扔到了地上。妈妈看了非常心疼,可是小格把地上的东西捡起来,走向妈妈说:"小美今天不高兴,明天我再给她道歉。"妈妈劝她:"你找别人玩吧，她不喜欢搭理你。"可是小格使劲地摇头说："我只有这一个好朋友，别人都不喜欢和我玩……"

上了五年级之后，小格的学习成绩有些下降了，学校的作业也经常要写到很晚，拖拖拉拉，边写作业边和妈妈聊天，身边总要有家人陪着，补习班的作业根本没时间写了。老师给家长打过几次电话，反映小格最近上课不在状态，完不成课堂作业，还和旁边同学打打闹闹的，被批评了也不改。有一天妈妈训斥小格，没想到一直大大咧咧的她突然号啕大哭起来，说不想上学了，真没意思，同学都不理她，她成绩也不好……

小格很热心，本应该是很受大家喜欢的孩子，但是她在同学中却感到越来越孤单。在父母的心中，她是一个活泼开朗的孩子，父母从来没想过她会没朋友。

经过和小格的一番谈话，再结合父母提供的信息，我评估小格患有多动症。当我把这个结果告诉她的父母时，他们都感到很惊讶，他们一直没往这方面想。从我的经验来看，很多患多动症的女孩没有得到足够的重视。由于小格的注意力缺陷、自控力不足等问题，她的学习成绩不好，家长关注的重点放在如何提升她的学习成绩上，她在同伴关系方面遇到了非常大的困难，却没有被重视。

小格的"热心"给她带来了很多麻烦，这是她自控力不足导致的结果，她无法正确地根据情境来判断别人是否需要帮助。她一二年级的时候，没有考虑到当时在上课，就理所当然地觉得要马上帮后面的同学捡橡皮、理所当然地认为要帮同学收作业、帮同学翻书……这些"帮忙"都给别人带来了很大的麻烦，也不是对方需要的。她出于好心做了这些事情，却并不能得到同学、老师的理解，大家觉得她在故意捣乱。

小格逐渐长大，她已经不会像小时候那样过于"热心"地去帮忙了，但是她非常渴望有朋友，又怕别人不喜欢她，嫌她烦。她总是在为别人着想，而实际上她是在"讨好"别人。妈妈一直劝她，如果别人拒绝了她的帮助，那就不需要帮忙，但是小格从来都听不进去。

小格以前没有感觉到别人不喜欢和她相处，但是现在明显感觉出来了，可是不知该怎么办。于是，小格的情绪越来越糟糕，学习更加心不在焉了。

通过情商课程，小格的心情逐渐平复了一些。她始终想不明白，为什么自己为朋友考虑了很多，但是他们却从来不考虑自己的感受。她帮他们做了很多事情，可是他们玩的时候经常不带她。小格对朋友有很多怨言，一直在抱怨，每当和父母说这些事情的时候，父母就让她别多想了，要把心思放在学习上。

后来，小格的自信心逐渐增强了，也开始能够接受别人拒绝自己的帮助了，能够控制住自己，不会那么冲动了。在别人拒绝她的帮助的时候，她就用我教的方法调整心情，告诉自己"别人拒绝我，只是不需要帮助，并不是讨厌我"。"热心肠"是小格的优点，也会带给她很多烦恼，把握好人际交往的界限，小格的优点就不再是负担。

未经许可，不得以任何方式复制或抄袭本书之部分或全部内容。
版权所有，侵权必究。

图书在版编目（CIP）数据

情商密码：如何养育高情商的孩子 / 韩海英著. —北京：电子工业出版社，2021.2
ISBN 978-7-121-40552-5

Ⅰ. ①情… Ⅱ. ①韩… Ⅲ. ①情商—家庭教育 Ⅳ. ①G78

中国版本图书馆 CIP 数据核字（2021）第 025214 号

责任编辑：黄　菲　　　文字编辑：刘　甜　　　特约编辑：刘广钦　曹红伟
印　　刷：三河市鑫金马印装有限公司
装　　订：三河市鑫金马印装有限公司
出版发行：电子工业出版社
　　　　　北京市海淀区万寿路 173 信箱　　邮编：100036
开　　本：720×1 000　1/16　　印张：19.75　　字数：253 千字
版　　次：2021 年 2 月第 1 版
印　　次：2021 年 2 月第 1 次印刷
定　　价：68.00 元

凡所购买电子工业出版社图书有缺损问题，请向购买书店调换。若书店售缺，请与本社发行部联系，联系及邮购电话：（010）88254888，88258888。
质量投诉请发邮件至 zlts@phei.com.cn，盗版侵权举报请发邮件至 dbqq@phei.com.cn。
本书咨询联系方式：1024004410（QQ）。